가정에서 부모와 함께 하는

몬테소리교육

조성자

창지사

국립중앙도서관 출판시도서목록(CIP)

(가정에서 부모와 함께 하는) 몬테소리교육 = Montessori methods / 지은이 : 조성자 -- 서울 : 창지사, 2013
p. ; cm

ISBN 978-89-426-0721-1 93370 : ₩10000

유아 교육[幼兒敎育]
몬테소리법[--法]

375.1-KDC5
372.21-DDC21 CIP2013020731

머 리 말

'모든 부모는 교사가 될 수 있어도 모든 교사는 부모가 될 수 없다'라는 말의 의미는 가르치는 사람이라고 모두 부모가 될 수 없다는 뜻이다. 부모가 된다는 것이 얼마나 어려운 일인가? 부모에게 자식이란 살아가는 데 가장 가치 있고 가장 큰 은총이지만, 그만큼의 인내와 어려움도 따른다. 특히 오늘날과 같이 급진적인 사회적 변화와 가족 형태의 변화는 자녀교육뿐 아니라 가정의 정체성과 울타리를 허물기도 한다. 이러한 상황 속에서 대부분의 부모들은 다음과 같은 생각들을 할 수 있다.

- 가정에서 자녀들의 활동을 존중하고 협력하여 정신과 육체가 건강하게 성장할 수 있는 능력을 어떻게 키워 줄 수 있을까?
- 부모는 반드시 위와 같은 생각을 자녀가 느낄 수 있도록 도와주어야 하는 것일까?
- 어떻게 하면 자녀들의 세계 속으로 들어가 그들의 발달과정을 진심으로 이해할 수 있을까?
- 이러한 문제점과 이해관계를 부모와 자녀 사이에 배움의 방법이나 기회로 활용할 수 있을까?
- 어떻게 하면 부모와 자녀가 서로 사랑하고 신뢰하며 진심으로 협력관계를 유지한다는 확신을 줄 수 있을까?

부모들은 이러한 생각들을 하면서 어린이들이 태어나서 처음으로 몬테소리교육을 접하는 곳이 가정이라면 부모들은 몬테소리교육에 대한 관심을 가정으로 돌려야 할 것이다. 부모들은 지금도 가정에서 어떤 형태든지, 종류든지, 장난감 또는 교재·교구로 자녀들의 육체적·정신적 발달을 이끌어가고 있다. 훌륭한 부모가 된다는 것은 그리 쉬운 일만은 아니다.

현재 몬테소리교육의 세계적인 동향은 가정 프로그램과 영아전담 프로그램으로 방향이 전환되고 있다. 가정과 몬테소리 유아교육기관과의 연계성을 강조하면서 부모와 기관이 함께 어린이들의 교육을 책임져야 한다는 이론의 중요성을 지지한다. 저자는 항상 생각했던 몬테소리교육에 있어서 부모교육의 중요성을 강조하면서 2011년에 『훌륭한 몬테소리 부모 되기』라는 저서를 출판하였다. 저서를 출판하면서 생각했던 것은 가정에서 몬테소리교육 방법을 부모들이 쉽게 활용할 수 있는 것이 무엇인가였다. 그래서 이번에 부모들이 가정에서 할 수 있는 몬테소리교육 방법에 대한 이론과 실기를 연구하여 출판하기에 이르렀다. 이 책은 Part 1과 Part 2로 나누어 서술하였다.

Part 1은 몬테소리교육 방법을 가정에서 실천하기 위한 이론을 서술하였다. 그동안 연구한 몬테소리교육을 위한 부모들의 역할과 부모 자신들이 자녀에 대해서 얼마나 알고 있는지, 알아야 할 내용은 어떤 것들인지에 대해서 엮어보았다.

Part 2는 가정에서 부모들이 할 수 있는 몬테소리교육 방법에 대한 실제를 서술하였다. 몬테소리 부모가 되기 위해서 꼭 알아야 할 가정에서 할 수 있는 실제를 서술하고 있다.

가정에서 실시하는 몬테소리교육은 자기 자녀를 직접 교육하는 것이기 때문에 더욱 흥미롭게 관심을 가지고 할 수 있다. 만약 가정에서 부모들이 훌륭한 몬테소리 교사가 된다면 어린이들 교육이 가정에서 기관으로 옮겨졌을 때 자연스럽게 연계가 되어 학습 효과를 낼 수 있을 것이다.

이 저서를 활용하는 모든 부모님들에게 훌륭한 몬테소리 교사가 될 수 있는 희망을 가져도 된다는 확신을 드리고 싶다. 몬테소리 연구를 통해서 만났던 국내외 지인들에게 감사의 마음을 전하고 싶다. 지인들은 언제든지 몬테소리 연구를 위한 일이라면 최선을 다해서 저자를 도와주려고 노력하였으며, 저자에게는 학문을 안내해 주신 훌륭한 등대지기와 같으신 분들이었다. 그리고 이 저서를 읽게 될 독자들에게도 감사드리고 싶다.

출판에 늘 도움을 주신 창지사 사장님과 모든 직원들에게도 감사드린다. 저자와 함께 늘 건강한 하루하루를 보내시기를 바란다.

대구가톨릭대학교 아동학과 연구실에서
저자 조성자 교수

※ 이 저서는 2012년도 대구가톨릭대학교 교내 연구비 지원에 의한 것입니다.

차 례

Part 1 훌륭한 몬테소리 부모 되기 훈련

Part 1

훌륭한 몬테소리 부모 되기 훈련

가정을 이루는 요소들

Chapter 1

새로운 가정의 탄생은 결혼과 임신이라는 사실로부터 시작된다. 임신은 인간 역사의 시작을 알리는 것이므로 결혼하여 한 가정을 일구고 자녀를 출산하여 훌륭한 부모 되기를 맞이하는 과정을 서술하려고 한다.

1. 결혼과 임신

가정에서 신생아의 탄생은 경이로운 순간이며, 부부들의 삶에서 절대로 잊을 수 없는 사랑의 경험이다. 임신 소식에 부모들은 깜짝 놀라면서 긴장감을 가지게 되고 다른 한편으로는 임신으로 자신의 삶이 변화할 것이라는 사실을 무시할 수 없다. 왜냐하면 독립된 한 인간으로서 살아왔지만 자식이 잉태되는 순간 지금까지와는 다르게 변화될 것이기 때문이다.

대부분의 어른들은 신생아가 가족의 구성원으로 함께 참여하는 사실에 대해서 기뻐하며 신생아를 가족 구성원으로 받아들이고 가족으로서 최대한의 사랑을 주려고 노력할 것이다. 부모들은 자녀와 첫 인간관계를 형성하고 신생아를 돌보며 새로운 가족 구성원을 위해 공간을 준비하는 것은 일상적인 일이다. 신생아를 중심으로 가족의 모든 계획에 변화가 오게 된다.

임신은 새로운 인간 역사를 시작하는 중요한 출발점이 된다. 태아는 임신 초기가 지나면 인간의 기본적인 모습을 발달시킨다. 신체적인 발달은 뇌 조직의 위대하고 신기한 발달과 더불어 정신 발달을 구성해 나아간다. 신체부위 중에 머리는 태아 몸에서 가장 큰 부위를 차지하며 발달을 위한 가장 중요한 하드와 소프트 프로그램을 만들어 간다. 과학은 태아의 발달과정을 밖으로 생생하게 중계하면서 부모-태아 사이의 관계를 더욱 밀착시키고 가장 큰 기쁨인 동시에 새로운 삶의 계획을 만들어 가는 즐거움도 준다. 이러한 인간 역사는 280일 동안 지속된다.

태아는 이미 3～6개월 사이에 5가지 감각기관을 발달시킨다. 현대 의학은 태아기의 30주 동안은 수면한다는 것을 증명하였다(Montanaro, S., 1993; 조성자 외 역, 2001). 그뿐만이 아니라 산모의 자세와 정서 그리고 음식이 태아에게 미치는 영향에 대해서도 정확하게 증명하고 있다.

다시 말하자면 태아는 산모로부터 이미 태내에서 긍정적·부정적 영향력을 받고 있다. 태아는 엄마의 태내에 가장 안전한 새 둥지를 마련하고 10달 동안 엄마와 공생을 시작한다. 모든 생명체들은 발달과 성장을 위해서 환경과 관계를 맺으면서 생존하기 위해서 적응력, 보호본능, 협력관계, 다양한 지식이 필요하다. 생명은 환경 속에서만 가능하다.

수십억 년 전부터 인간은 끊임없이 파충류, 고생대 인간, 신생대 인간의 진화과정을 거쳐서 현재의 인간으로 진화했다. 16～18억 개의 신경조직에 의해서 창조된 인간이 완성을 향해 진화되는 과정은 아주 복잡한 현상으로 나타난다. 인간은 진화하면서 인간만이 가지고 있는 자신의 보존능력, 외로움과 고독에 대한 욕구, 자기 영토에 대한 보존 개념을 가지고 있었고 동물의 모습으로 자기 공동체를 보호하기 위한 또는 큰 것을 위한 작은 것의 희생, 집단 구성원에 대한 애착, 참여의식, 사회적 관계, 사회적 의식을 공유했었으며 간접적으로 세련되게 변별하는 능력이 발달하고 생활에서 불편한 점을 창조적인 방법으로 해결하였으며 시공간 개념에 대한 지식, 이성적인 사고가 발달하였다(조성자 외 역, 2001). 인간의 뇌는 진화하고 또 진화하여 현재 인간의 모습이 되었다.

신생아들도 외부 생활에 적응해 가면서 가족 구성원들의 가족 내 규칙을 배워나가고 그 규칙을 따르면서 우리 집, 가족 문화에 적응해 간다. 세상에 처음 태어난 신생아가 경험하는 외부 세계는 한편으로 좌절과 도전의 연장선상에 놓이게 될지도 모른다.

태아는 태아기에 5가지 감각기관이 발달하여 외부로부터 많은 정보를 받아들이고 어머니와의 공존상태를 유지하게 되면서 외부 세계에 적응할 수 있는 준비를 스스로 하면서 함께 즐기는 즐거움을 경험하게 된다. 후에 이러한 경험들은 애착을 형성한다(Montanaro, S. Q., 1993; 조성자 외 역, 2001). 태아들은 엄마와의 공존을 통해서 생물학적·심리적 요인으로부터 또 다른 영향을 받는다.

생물학적인 요인으로는 어머니의 나이, 건강상태, 유전병, 음식물의 양적·질적 섭취, 생태학적 조건(물, 공기, 사는 지역의 생태학적 요인들)들은 태아의 성장과 발달 그리고 건강에 아주 많은 영향력을 미칠 수 있다.

심리적인 요인으로는 태아와 직접 생활하고 공존하는 사람들이다. 실비아 몬타나로(Montanaro)는 태아가 어머니의 가장 안전한 컨테이너 속에서 정상적으로 발달할 수 있는 조건이 되어야 한다고 말한다. 가장 안전한 수용적 관계를 유지할 때 태아 발달이 정상적으로 진행될 것이며, 이러한 관계는 '함께 즐기는 즐거움'의 시간이 된다. 심리적으로 임신 기간 동안 함께 즐기는 즐거움의 시간은 어머니와의 가장 중요한 신뢰감을 형성하고 태아 발달에 많은 영향을 준다. 이와 반대로 산모가 원치 않은 임신으로 인해 태아에 대해서 기본적인 불신감과 무관심을 가졌다면 정서적인 안정감에서 멀어지면서 어머니와 태아의 관계는 다른 형태로 나타난다. 비온은 이러한 현상을 기생(妓生)상태라고 말한다(Montanaro, S. Q., 1993; 조성자 외 역, 2001). 태아는 어머니와의 사이에서 부정적인 경험을 함으로써 혼란스러운 병리현상이 일어날 것이다.

태아에게 정신적이고 생물학적인 관계는 인간적인 중재 역할을 하는 중요한 요소들이다. 산모는 혼자서 생존이 불가능한 태아를 돕는 유일한 양육자이다. 어머니의 부정적인 감정은 태아를 숨 가쁘고 힘들게 움직이도록 자극하며 출생 후에는 영아들이 종종 흥분하고 정서적 불안감을 표현하며 과잉행동을 하고 식사와 소화의 문제로 나타난다.

부모의 역할은 임신이 되는 순간부터 즉시 시작되고 사랑을 중심으로 상호작용이 시작된다. 태아가 엄마와 공존하는 10개월간의 긴 여정을 살펴보면 다음과 같다.

개월	주의할 점	모양	비교
결혼	결혼은 성숙한 남녀로 인정받는 성스런 축복이다. 결혼은 절대적으로 사랑을 전제로 하여야 한다.		
임신 시작	인간 발달의 시작은 임신과 더불어 발달이 시작된다. 임신은 사랑을 전제로 한다. 임신은 생명을 잉태하고 인간 역사를 시작하는 위대한 창조작업이다.	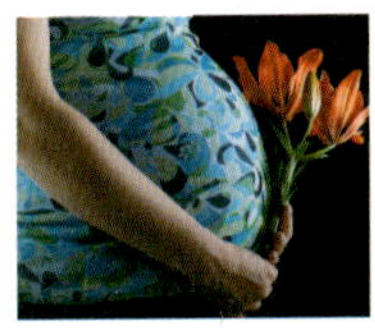	
5주	수정란이 자궁벽에 착상하여 태아가 형성되기 시작한다.	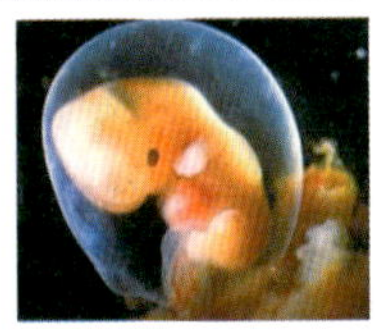	
6주	눈, 귀, 입이 생기고 뇌가 급속도로 발달한다.	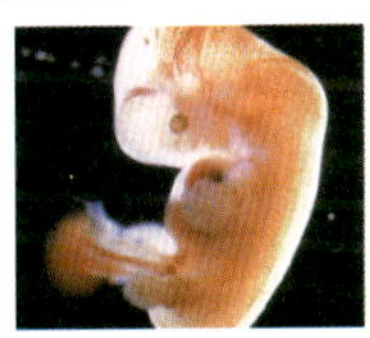	
2개월	모든 신체 각 부위가 형성되고 심장은 한 달 이상 뛰고 있다.	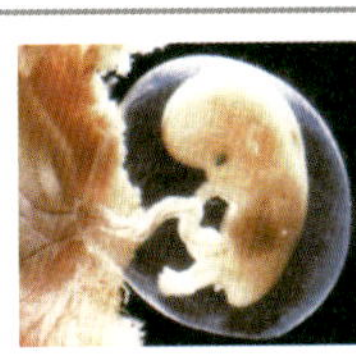	
3개월	머리, 몸통, 팔, 다리 구분이 확실하고 손과 발이 발달하여 손가락도 생긴다.		

개월	주의할 점	모양	비교
4개월	등이 완성되며 손과 발이 움직인다. 외부 생식기가 발달하여 남녀 성별의 구별이 가능하다. 유쾌, 불쾌, 불안, 노여움 등 감정을 형성한다.	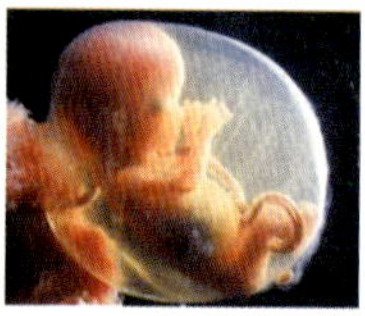	
5개월	양수 안에서 활발하게 손과 발을 움직이며 손에는 지문이 생기고 손가락 빠는 행동을 한다. 음감을 느끼기 시작한다.		
6개월	태아의 움직임이 크고 활발해진다. 이 시기에 태어나도 적절한 보호조치를 취하면 생존 가능하다.	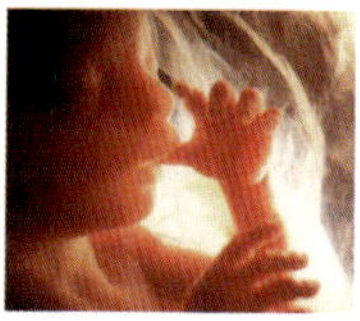	
7개월	몸에 점점 살이 붙고 양수 안에서 활발하게 움직인다. 바깥 소리에 대한 선호도가 생긴다.	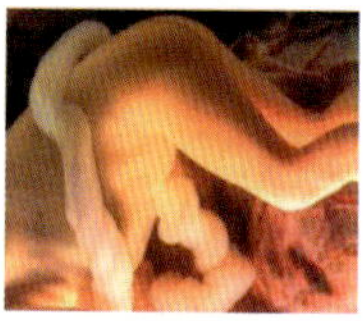	
8개월	피하지방이 붙기 시작, 근육과 신경계가 발달한다. 소리의 강약을 확실하게 구분한다. 눈이 아니라 뇌로 바깥 세상의 밝기를 느낀다.	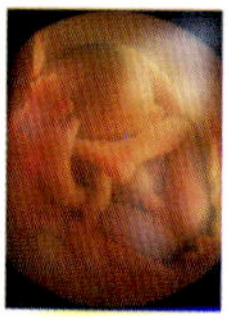	
10개월	발길질도 멈추고 온몸을 둥글게 오므려 머리를 아래쪽의 골반에 두고 나올 준비를 한다.	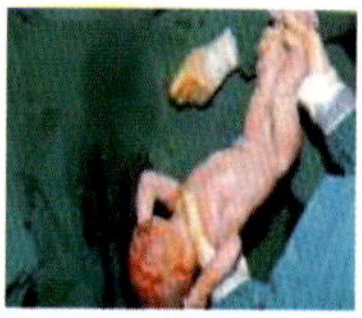	

태아의 영향상태는 임신 중기부터는 태아가 모체의 철분을 흡수해 자신의 혈액을 만들기 시작하므로 철분을 충분히 공급하여야 한다. 약물복용은 인지, 운동, 언어, 사회성, 정서 발달의 여러 영역에 걸쳐 태아에게 심각한 장애를 유발할 수 있다. 예를 들면 탈리도마이드, 피임약, 항생제, 아스피린, 카페인 ,습관성 약물(헤로인 등), 코카인은 태아에게 치명적인 장애를 줄 수 있다.

모체의 질병은 태아의 장애를 유발하는 중요한 원인으로 작용할 수 있다. 예를 들면 풍진, 성병(매독, 임질 등), 당뇨병, 헤르페스, 바이러스, 후천성 면역결핍증 등이다.

출산 연령과 출산 횟수의 영향으로는 노산일 경우 자연유산, 임신중독증, 난산, 미숙아 출산, 다운증후군의 비율이 급격히 증가할 가능성이 높다. 출산 횟수는 태내 환경으로 보아 첫 신생아보다 이후에 출생하는 신생아가 더 유리하다. 산모의 연령층에 따라 염색체의 이상 위험도와 태아의 자연유산의 위험도가 높다.

이미 알려진 것처럼 태아는 음주와 흡연에 상당히 민감하게 반응하며 소량의 알코올조차도 비정상적인 발달을 야기할 수 있고 태아 알코올 증후군(Fetal Alcohol Syndrome) 현상이 나타날 수 있다. 흡연의 경우 저체중아 출산에 영향을 미치는 가장 대표적인 요인이 될 수 있다.

최근에는 남성도 태내 환경에 많은 영향을 미친다는 연구 결과가 있다. 이는 건강한 아기를 출산하는 것은 여성뿐만 아니라 남성에게도 동등한 책임이 있음을 경고하는 것이다.

신생아들이 백지상태를 채워가는 데 가장 필요한 것은 사랑이고 그 다음으로 필요한 것은 생물학적 조건들이다.

10개월간 어머니와의 공생관계를 마친 다음 출생과 더불어 또 다른 발달과정이 지속된다. 신생아들의 신체적 발달과정은 다음과 같다.

신생아들이 새로운 세상에 적응하기 위해서는 인적·물리적 환경이 모두 제공되어야 한다.

❶ 물리적 환경 조건

준비된 환경, 사람과 사물과의 상호작용, 운동, 움직임, 경험, 감각운동, 반복운동, 반복활동, 자유롭게 움직일 수 있는 심리 운동장, 사물, 재료, 자신의 건강, 의지력, 몬테소리의 기본적인 정신적 현상들(엔그라미, 흡수정신, 생명력, 민감기, 영적태아, 정상화, 문화, 종족 특성화)

❷ 생물학적 조건들

심장은 정상적으로 기능하는가? 심박동수, 호흡은 규칙적인가? 근육은 정상적인가? 신생아들은 자극에 반응하는가? 얼굴색은 정상인가?

부모들은 신생아, 영아들의 발달을 도와주기 위해서 다음과 같은 사항을 조심하여야 한다.

- 신생아들은 아주 감각적이다.

- 신생아들의 가장 중요한 욕구를 충족시켜야 한다.
- 태어난 첫 날이 가장 중요하다.
- 위와 같은 조건들은 신생아들이 나름대로 활용하고 또 아무것도 각인되지 않은 백지상태를 채워가는 데 중요한 역할을 한다. 몬테소리는 인간의 지혜는 감각기관에 들어온 모든 것을 획득하는 놀라운 힘을 가지고 있다고 말한다. 다른 한편으로 인간의 인지능력은 모든 것을 획득하고 생성하는 힘도 가지고 있다고 말한다. 신생아들이 사물을 획득하는 인지작용의 주체는 운동의 힘이다. 신생아들은 놀라울 정도로 환경을 흡수하여 주위에 있는 모든 것을 내 것으로 만드는 능력을 가지고 있다(Montessori, M., 1952; 조성자 역, 1994).

어린이들은 환경에서 흡수한 자기 가정의 문화, 습관, 관습, 종교의식을 배워간다. 그리고 사물과 사람과의 상호작용을 통해서 생물학적 욕구와 정신적 욕구를 충족시키면서 인지 발달을 활성화시킨다. 그리고 자아 정체성을 만들어 간다.

신생아기에 습득한 모든 요소들은 그대로 흡수, 정신이 되어 인격을 형성하게 된다. 백지상태에서 처음 습득된 인상과 기억들이 자신의 정신을 형성해 가고 자기 문화를 만들어 가며 후에 개인의 정체성을 만들어 간다. 개인의 정체성은 살아가는 동안 삶의 에너지 역할을 하고 내면의 세계를 안내해 가며 창조적 작업을 이끌어 가고 자아 만족도를 높여주는 역할을 한다(조성자, 2012a).

신생아들의 백지상태를 채워주는 일등공신은 자신의 활동, 경험, 반복활동 그리고 감각운동이다. 어린이들은 감각운동과 경험을 통해서 인간화 모습으로 육화되고 정상화되며 진화한다(Montessori, M., 1952; 조성자 역, 1994). 예를 들면 어린이들은 감각운동을 통해서, 놀이를 통해서, 작업을 통해서 자기 본성을 밖으로 드러내어 발달시키고 인격을 형성해 가면서 자아 정체성을 확실하게 형성한다. 어린이들은 자기 환경을 적절하게 활용하고 일상생활에서 주어지는 작업과 활동을 통해서 인격, 자아 정체성을 형성하며 시간에 대한 적응력을 발달시킨다.

대부분의 어린이들은 6세 이전의 백지상태에서 이성적으로 생각할 수 있는 기능, 이해관계, 기억을 만들어가는 자신의 사고력을 조직적으로 발달시킨다. 이 시기에 양육자들은 어린이들을 이해하기 위해서 인내하면서 경청하고 어린이들과 서로 돕는 협력관계를 형성하여야 한다.

부모와 양육자들은 영아와 유아들의 백지상태를 채워주기 위해서는 인지 중심의 학습만을 강요할 것이 아니라 사고력 발달을 위한 작업을 도와주어야 하고 탐색활동을 할 수 있는 자유를 허락해 주어야 한다. 그리고 어린이들의 사고능력을 발달시킬 수 있는 활동 시기도 연장해 주어야 한다.

인간의 특성 중에 하나가 사랑과 보호를 필요로 하는 것이다. 어린이들에게 사랑은 본능적인 요소로 생명이 잉태되는 순간부터 사람의 사랑과 보호를 필요로 한다.

어른들은 어린이들을 약한 존재로 보고 있기 때문에 서로 돕고 협력관계를 유지하기는 어렵다. 그러나 어른들은 어린이들에게서 아직 발달하지 않은 많은 가능성을 발견하여 그들의 잠재능력이 양육자들의 협력과 맺어져 순수하고 아름다우며 정확하고 올바르며 건강한 인지 발달이 이루어지도록 도와 주어야 한다.

2. 부모들은 자녀들을 가르칠 수 있을까?

부모는 어린 자녀들을 가르치기, 즉 훈육하기에 충분한 능력과 기술을 가지고 있다. 자녀들에게 질문하는 방법으로 그들의 자율성과 독립적인 활동을 신뢰하고 인정하며 용기를 주고 내재적 동기부여를 할 수 있는 환경을 제공한다면 자녀들 스스로는 발달할 수 있는 창조적 에너지를 가지고 있다.

부모들의 일방적인 가르침보다는 항상 자녀의 질문을 존중하고 그들의 세계를 이해하며 그들이 원하는 것, 필요한 것이 무엇인지 관찰하여 제공할 때 자녀의 자율성이 발달할 수 있다.

부모들은 어린 자녀들을 가르치는 대신에 질문하도록 안내하고 모든 사물과 환경에 관심과 흥미를 불러일으킬 수 있도록 그들의 세계로 자녀와 함께 들어가야 한다.

만약 부모가 자녀를 가르치려는 방법이 자율성보다는 어린 자녀에게 자제력과 고통스러운 인내심 그리고 지루함을 갖도록 하는 것이라면 그들 스스로 호기심과 관심 그리고 탐색활동을 위한 질문을 할 수 있는 기회를 주어야 한다. 자녀들은 부모와 질문을 주고받는 것을 통해서 생각을 주고받게 되며 대화에 자신이 참여하고 있다는 사실을 통해 자신감을 얻게 될 수 있다. 어린이들 자신이 생각하는 질문을 스스로 작업과 활동을 통해 이끌어가는 방법은 지속적으로 사물에 대한 관심을 가질 수 있는 기회가 제공되는 것이다.

자녀들은 자기 스스로 선택한 작업과 활동을 통해서 실패와 오류를 경험하고 또 다른 것을 배우게 된다. 부모들은 자녀들에게 하지 말아야 하는 것 대신 할 수 있는 것을 보여주어야 한다.

대부분의 어린이들은 친구들과 싸우는 경험을 하게 되는데, 이런 경험을 많이 하는 어린이일수록 비행 청소년이 될 확률이 높다는 결과 보고가 있다. 어린이들은 좌절하기도 하고 자신의 목표를 성취하는 기술이 없을 수도 있다. 어린이들은 물건을 집어 던지거나 때리는 등의 행위를 통해서 탐색하고 잘못된 자기 행동에 대한 반성을 할 수 있는 기회를 갖게 되기도 한다. 부모의 눈에는 자녀들이 폭력적으로 보이는 이러한 과격한 행동이 위험해 보이기도 하고 놀라운 일일 수도 있지만, 이러한 행동을 통해서 승자의 감정이 어떤 것이고 패자의 감정이 어떤 것인지의 경험으로 자기 행동을 스스로 조절할 수도 있다.

부모들이 자녀들에게 자율성을 키워주는 방법으로 다음 사항들을 고려해 볼 수 있다.

〈자녀들의 자율성을 키워주기 위한 전략들〉

- 탐구할 수 있는 기회와 안전성을 제공하기
- 위험한 물건을 치우고 안전한 경계망을 만들어 주기
- 자녀들에게 그들의 세상을 탐색할 수 있는 자유와 환경을 부여하기
- 자녀들에게 체벌, 폭언, 폭설을 가하기보다는 관심을 돌리거나 보다 부드럽고 친절한 행동으로 자녀들의 행동을 리더하고 안내해 주기
- 안전한 장소에서 자녀들이 대근육, 소근육이 정상적으로 발달할 수 있도록 운동할 수 있는 심리운동장을 만들어 주기
- 자녀들이 원하는 것과 필요로 하는 것 사이의 차이점을 인지하기
- 자녀들이 필요로 하는 것에 적극적으로 반응을 보여주기
- 자녀들이 살아가는 데 필요한 기술과 특성을 배우기 위한 기회

를 제공해 주기
- 자녀들에게 기술을 가르치면서 그들의 행동을 주의 깊고 세심하게 관찰하고 관리하기
- 자녀와 부모 사이를 연결하는 사랑의 연결고리에 초점을 맞추기

3. 신생아들과 부모의 역할

몬테소리는 부모의 의무감 중에 가장 중요한 의무는 자녀의 보호, 정체성 만들어주기, 육체적·정신적으로 건강하게 성장하도록 돕는 것이라고 말한다(Montessori, M., 1952; 조성자 역, 1994).

몬테소리는 다른 동물들에 비해 인간의 부모들이 자식에 대한 희생과 보호본능이 약화된 것을 비판하였다. 가정에서 새로운 자녀의 탄생은 부모의 역할이 새로워지는 것을 의미하는데, 인간의 인지 발달 기원을 학자에 따라 구분하면 다음과 같다.

이성론자와 성숙주의자들은 인간의 지능을 선험적이라는 관점에서 본다. 소위 말해서 어린이들의 선천적인 본능을 인정하는 측면이다.

다른 측면에서 경험론자들은 선험적인 요인보다는 환경요인이 더 중요하다고 한다(Montessori, M., 1991). 인간의 지식은 선험적이 아니라 감각기관의 경험과 반복활동을 통해서 발달한다는 측면이다.

인간을 연구하는 두 학자들 사이에 이견이 있을지라도 결과적으로 인간은 환경과 상호작용을 하면서 교육을 통해서 인간화의 모습으로 발달되어 간다는 것이다. 인간은 다른 동물에 비해서 너무 무능한 존재이다. 몬테소리는 인간은 타고난 유전인자도 이미 발달한

것이 아니라 발달해야만 하는 우주적 사명감을 가지고 태어난다고 말한다. 그래서 경험론자인 로크는 인간의 초기 인지상태를 백지와 같다고 주장했을지 모른다.

성숙론자나 경험론자에 상관없이 공통점은 인간이 태어나면 무능력하다는 것, 더 중요한 것은 태어나자마자 백지상태로 있는 인지의 흰 공간을 환경, 사물, 사람과 상호작용을 하면서 채워가야 한다는 것이다.

경험론자와 발생학적 인식론자의 입장에서 연구한 몬테소리는 인간이 가지고 태어난 지식의 씨앗, 다른 말로 표현하면 정신적 요소들을 부모와 교육자가 그들의 내재적 본능을 정확하게 관찰하여 발달시켜주어야 한다고 말한다. 어린이들의 본성을 발견하고 밖으로 이끌어 내어 발달시키는 것이 과제이다. 몬테소리의 생명을 돕는 교육은 어린이들의 본성인 정신기능을 도와 발달하도록 안내한다는 의미이다(조성자, 2007). 유전적으로 가지고 태어난 네뷸러, 영적 태아, 민감기, 흡수정신, 생명력 등과 같은 생명을 이끌어가는 내적 요소들은 경험, 감각활동, 상호작용을 통해서 백지상태를 채워가는 요소들이다.

신생아들은 움직임, 운동, 감각작용, 상호작용, 부모와의 긍정적이며 애정적이고 사랑하는 관계를 5가지 감각기관을 통해서 감각운동이 일어나도록 인지 발달을 자극한다. 신생아들은 5가지 감각기관을 통해서 모든 환경 자체를 받아들이고 흡수하면서 즉시 감각운동이 일어난다. 그리고 다음 단계로 무의식 세계인 감각 저장소 혹은 기억 저장소에 저장되었다가 후에 발달과정과 지속적인 경험 그리고 반복활동을 통해서 기억 저장소에 저장되었던 기억을 의식 세계로 끌어 올리는 작업을 계속한다. 이러한 인지작용은 출산과 더불어 이미 태내에서 발달한 5가지 감각기관을 통해서 신생아기와 영아기에 활발하게 활성화된다.

이때 신생아에게 필요한 것은 준비된 환경, 준비된 부모, 준비된 교사 그리고 준비된 사물과의 상호작용이다. 이보다 더 중요한 것은 부모 및 양육자들과 신생아 간의 밀착된 사랑이다. 영아들은 모유을 받아먹는 동시에 엄청난 양의 사랑도 동시에 받아먹고 발달한다. 양육자들이 아무리 훌륭한 교재·교구 그리고 환경을 제공해 준다고 할지라도 그 중심에 사랑이 없으면 상호작용이 일어나지 않는다. 태아는 임신 기간 동안 생물학적·심리적인 경험과 기능화된 신경계의 발달을 통해서 존중받아야 하는 인간으로 변화한다. 애슐리 몬테규(Ashley Montagu)는 신생아들의 욕구를 다음과 같이 언급한다.

사랑의 욕구, 우정의 욕구, 친구 사이의 욕구, 감각운동의 욕구, 탐구활동과 알기를 원하는 욕구, 배움에 대한 욕구, 작업에 대한 욕구, 질서화하고 조직하려는 욕구, 호기심에 대한 욕구, 집중하려는 욕구, 놀라움에 대한 욕구, 울음에 대한 욕구, 신뢰하려는 욕구, 놀이에 대한 욕구, 율동과 활동에 대한 욕구 등이 있다(Montanaro, S. Q., 1993; 조성자 외 역, 2001).

어린이들이 정상적인 한 인간으로 발달하기 위해서는 이러한 정신적인 모든 욕구들이 발달하여야 한다.

어린이들은 본능적으로 창조적 능력을 가지고 태어나 환경과 상호작용을 하면서 자동조절을 할 수 있는 메커니즘을 가지고 있는데, 작업과 활동을 통해서 조화롭고 균형적인 몸과 정신을 발달시키도록 자극하는 능력을 가지고 있다.

4. 영적 태아와 어린이들의 특징

인간은 태어나면서 육체적으로 지극히 미약한 존재지만, 정신적인 측면에서는 스스로 발달할 수 있는 능력을 가지고 있다. 몬테소리는 이러한 본능을 정신적 현상이라고 말한다. 이러한 선천적인 본능과 잠재능력은 어린이들의 창조적 생명을 발달시킬 수 있는 근거를 제공해 준다. 인간의 육체 안에 감금되어 있는 정신적 능력을 몬테소리는 영적 태아라고 말한다(Montessori, M., 1991).

몬테소리에 의하면 영적 태아란 세상에 얼굴을 드러내기 위해서 육체 안에 감금되어진 영적 존재를 의미한다. 영적 태아는 모든 것을 안내하거나 지도하는 감수성을 지니고 있다. 예를 들면 신생아는 언어를 발달시키기 위해서 환경에서 소리를 모아 특수 감각기관으로 안내한다. 소리의 기능은 듣는 것만이 아니라 소리를 생성할 수 있는 특별한 방법, 구강구조의 생물학적 발달, 혀 기능에서 운동할 수 있도록 운동 반응을 유발한다. 태내에서 이미 형성되어 있기 때문에 어느 순간에 기능하도록 만드는 것이 바로 창조적 힘이고 민감기이다.

신생아는 동물과 달리 오랫동안 무기력한 상태에서 태아기를 보내면서 사회적 태아의 모습으로 변화한다. 몬테소리는 정신적이고 육체적인 성장을 육화 또는 인간화라고 부른다. 이러한 육화의 과정을 몬테소리는 다음과 같이 말한다.

육화란 신생아의 무기력한 육체에 생기를 불어넣어 주게 될 에너지의 신비스런 과정을 의미한다. 신생아가 자기의 의지에 의해서 표현하려는 능력과 움직이는 능력 그리고 말하려는 능력 자기들 신체를 사용하고 말의 기능을 사용할 수 있도록 해 준다. 이렇게 인간은 육화한다(Montessori, M., 1992; 조성자 역, 2001). 세상에 살아있는 모든 생명체는 하나의 생물학적인 육체와 잠재적 능력을 가지고 있으며, 이러한 능력들은 인간의 본능이라고 할 수 있다. 미성숙한 육체적 기능들은 육화의 과정을 거쳐서 완성되면서 인간화의 모습으로 발달시키는 본능을 가지고 있으므로 영적 태아는 종의 본능을 정확하게 드러내는 역할을 한다고 말할 수 있다(Montessori, M., 1992; 조성자 역, 2001).

영적 태아는 새로운 환경에 적응할 수 있는 능력을 가지고 태어난다. 성인들은 환경을 변화시키지만 어린이들은 환경을 그대로 흡수한다. 어린이들은 보는 사물을 완전하게 기억할 수 없지만 보고 듣는 이야기 또는 사건들을 자신 안에서 구체화하여 정신을 형성하게 된다. 성인은 환경만을 기억하고 어린이들은 환경에 적응할 수 있는 정신적인 힘을 가지고 있다. 몬테소리는 이러한 정신적인 힘을 므네메(Mneme)라고 말하는데, 호르메라는 의미도 가지고 있다. 어린이들은 환경을 흡수하는 민감성을 가지고 환경에 있는 모든 것을 자기 것으로 만드는 작업을 한다.

5. 생명을 돕는 교육과 부모의 역할

몬테소리는 인간 연구에 대해서 다음과 같이 말했다.

오늘날 우리들이 필요로 하는 사회적이고 교육적인 개혁의 근거는 인간의 신비에 대한 학문적인 연구에 근거해서 창조되어야만 한다.

몬테소리는 인간 생명에 관한 연구를 과학적이고 생물학적인 방법으로 접근하였으며 태아학, 의학, 심리학, 생물학, 인류학, 지질학, 물리학, 생태학에 관심을 가지고 연구하였다. 인간교육은 인간의 생명을 다루는 학문이기 때문에 생명에 대한 일반적인 지식 없이는 불가능하다. 생명을 돕는다는 것은 인간이 가지고 태어난 정신적·육체적 본질을 부모, 환경, 양육자가 협력하여 발달과 성장을 촉진하고 안내한다는 의미이다. 몬테소리는 나의 교육은 생명을 돕는 교육이라고 말한다(조성자, 2006).

첫째, 몬테소리에 의하면 모든 생명체는 생명체 자체를 이끌어 가는 본능적 에너지는 네뷸러, 민감기, 흡수정신, 호르메, 영적 태아, 내적 에너지, 정상화와 같은 요소이다. 이러한 요소들은 양육자, 환경, 사물과 상호작용을 하면서 생명을 발달시킨다. 인간의 생명체는 본능적으로 생존을 위한 창조적 에너지를 가지고 스스로 진화할 수 있는 영적 태아의 힘을 가지고 있다. 몬테소리는 이러한 기본적인 요소들은 시간과 환경 속에서 진화하는데 필수적인 요소는 사랑이라고 말한다. 사랑이 없는 진화는 불가능한 것이다(조성자, 2006).

둘째, 인간의 생물학적 기능이 완성을 향해 진화하고 정상화 과정으로 가도록 돕는 것이 생명교육이다.

어린이들은 태아기에 가장 기본적인 5가지 감각기관, 신경조직, 외부 세계에 대한 적응능력을 가지고 태어난다(Montanaro, S. Q., 1993; 조성자 역, 2001). 피부는 임신 7~8주에 완성되고, 촉각은 4개월, 후각은 2개월, 미각은 3개월, 청각은 2~5개월 사이에, 시각은 4개월에 완성된다. 태아는 어머니와 기생상태를 유지하면서 태내에서 외부 세계에 적응할 수 있는 준비를 한다.

셋째, 생명을 돕는 교육은 본능적이지만, 미완성된 기관을 완성의 단계로 발달시키는 것이다(Montessori, M., 1950; 조성자 역, 1991).

태아는 세상에 태어날 때 '작은 창조주'로서 정신적인 잠재능력을 가지고 스스로 과업을 수행할 수 있는 능력을 가지고 있으며, 그 작은 창조주가 필요로 하는 것은 환경과 사랑이다. 인간의 생명은 환경과 자신의 창조적 능력 그리고 사물과 상호작용을 통해서 발달한다.

넷째, 모든 생명체는 자기 세계에서 자연의 법칙과 질서에 따라서 발달하며·적응하는데, 즉 우주적 질서를 의미한다. 인간은 자연적인 발달법칙 속에서 환경과 상호작용하면서 정신과 육체를 발달시킨다. 부모들은 어린이들의 정신 속에 감추어진 신비를 발견하여 발달시켜야 한다.

다섯째, 생명을 돕는 교육은 생명의 발달 단계를 고려하는 것이다.

네뷸러의 특성, 민감기, 활동에 대한 이해, 관심의 집중화 현상, 정상화와 같은 모든 특성들이 어린이들의 생명 발달에 어떠한 영향력을 미친다. 인간은 생명과 더불어 스스로 생명을 창조할 수 있는 능력을 가지고 있기 때문에 준비된 환경을 제공해 주면 창조능력을 발달시킨다.

여섯째, 생명을 돕는 교육은 어린이들의 사회적 적응력을 돕는 교육이다.

어린이들은 부모들의 가르침과 가정문화를 통해서 사회적 규범과 질서를 학습한다. 이러한 규범과 질서를 그대로 사회생활로 옮겨서 사회의 규범과 질서를 따르는 기본적인 태도로 만들어 간다.

부모의 역할은 자녀들의 본성과 잠재능력 그리고 특성을 관찰하여 밖으로 이끌어내서 발달하도록 협력하는 것이다. 자녀를 존중하여 그들의 본성을 정확하게 인지하여 안내해 주는 것이다.

6. 어린이들의 운동과 부모의 역할

몬테소리는 어린이들을 관찰하면서 자유의 원천이 어린이들의 활동에 있다는 것을 알게 되었고 어린이집에서 어린이들을 관찰한 다음 그들이 활동과 작업을 통해서 자유로워진다는 사실을 알 수 있었다(조성자 편역, 1996).

어린이들은 준비된 환경이 제공되면 작업을 하려는 의지가 발생하고 의지는 활동을 하도록 자극하며 작업에 개입하면 활동을 전체적으로 통합하여 자신이 만족하는 상태로 만들어 간다(조성자, 2012a). 즉, 작업과 자기 자신이 하나로 통합되어 환경과 작업 그리고 자신을 사랑하는 단계로 발전하는 것이다.

어린이들에게 일어나는 관심의 집중화 현상은 자신이 작업에 완전히 집중하여 작업과 환경에 몰입된 상태를 의미하는, 즉 작업활동이 극대화된 상태이다. 이러한 현상은 어린이들을 위한 준비된 환경, 준비된 부모, 준비된 교사, 준비된 교구, 준비된 어린이가 있을 때 가능하다.

어린이들은 작업을 통해서 자율성과 독립심을 발달시킨다. 어린이들은 손운동과 환경에서 경험을 하기 시작한다. 경험을 통해서 어린이들은 위대한 작업자가 되고 작업을 통해서 자기 만족감을 나타낸다. 환경 속에서 어린이들은 자신들의 창조적 에너지를 발달시키면서 자율적이고 독립적인 자유로운 존재가 된다(조성자 역, 1994).

어린이들은 기본적인 욕구와 자기들이 원하는 것에 굶주린 자와 같다. 모든 발달에서 환경을 준비하지 않고 협조하지 않으면 무질서와 어려움 속에서 혼란스러움을 경험하게 될 것이다. 이때 어린이들은 일탈행동을 하게 되어 환경과 상호작용하는 것이 아니라 환경에

구속됨으로써 자율적이고 독립적인 발달에 큰 장해물을 만나게 된다. 어린이들은 자기가 좋아하는 작업과 싫어하는 작업을 통해서 독립적인 인간이 될 수도 그렇지 않을 수도 있다. 그러므로 그들은 원하는 것과 절대적으로 필요한 것을 부모들을 통해서 독립심과 자율성을 발달시키고, 싫어하는 것을 통해서 행동에 방해를 받게 된다. 어린이들이 좋아하는 것과 싫어하는 것 그리고 필요한 것과 원하는 것을 구분하면 다음과 같다.

어린이가 좋아하는 것	반복 훈련, 자유선택, 오류 수정, 자유선택, 환경에 대한 질서, 인내심, 집중력, 운동, 일상생활영역, 질서, 자유로운 행동, 책이 없이도 상상하여 동화구현을 하는 것, 자기 관리하는 것, 독립적으로 하는 것
어린이가 싫어하는 것	보상과 체벌, 책에 따라서 글자 쓰기, 훈련, 일정한 교육과정, 교사와 부모의 간섭, 일정한 교육방법, 모두 함께 책상에 앉아서 수업하는 것, 자유를 방해하는 것, 명령하는 것, 부모와 교사의 지시
어린이들이 절대적으로 필요한 것	생물학적 욕구, 의식주, 사랑, 양육자, 두 사람의 부모, 안정감, 운동, 자유, 작업, 자유선택, 사물, 교재·교구, 준비된 환경, 놀이활동
어린이들이 원하는 것	응석부림, 과잉보호, 과잉관심, 의존심, 게으름, 자기 마음대로 하는 것, 부모와 교사가 대신 해 주는 것, 많은 장난감, 자기 생각대로 하는 것(통제 불가능),자기가 최고가 되는 것, 잘했다는 칭찬을 받는 것

어린이가 좋아하는 일이나 작업을 선택하여 실천으로 옮겼을 때 그들을 적극적으로 격려하여 내적 동기를 이끌어 내고 용기를 주며 자존감을 높여 준다면 더욱더 효과적이다. 어린이들에게 절대적으로 필요한 것은 선택조건이 아니라 의무조건인 것이다. 어린이들의

생존을 위해서 필요한 것이기 때문에 부모들은 그들에게 필요한 것을 발달 단계에 맞쳐서 제공하여야 한다.

부모들이 어린이들이 싫어하는 것을 하도록 한다면 부모-자녀 사이에 신뢰감보다는 불신감이 형성될 것이다. 부모의 신뢰감이 자녀의 신뢰감을 만들어 간다. 부모는 자녀들이 원하는 것과 욕구를 적절히 통제할 필요가 있다. 왜냐하면 어린이들이 원하는 것을 전부 수용했을 때 통제 기능은 물론 자기 행동에 대한 한계점이 어디까지인지 판단할 수 없을 것이다.

어린이들은 자기가 좋아하는 것을 할 수 있을 때 스스로 자율적이며 독립적인 인격체로 발달하고 자기가 싫어하는 것을 요구받았을 때 스스로 환경에 지배당하고 자신에 대한 통제 기능을 상실한다는 사실을 어린이집에서의 관찰을 통해서 알 수 있다고 말한다(Montessori, M., 1952; 조성자 역, 1994).

몬테소리가 말하는 자율적이고 독립적인 어린이의 기준은 어린이들이 정상적인 활동을 할 때 준비된 환경과 억압된 상태에서 해방되는 것이다. 어린이들을 장애물로부터 자유로워지게 하고 또 그들을 자율적인 행동으로 이끌어주기 위해서는 그들을 에워싸고 있는 장애물과 억압에서 벗어나게 해줘야 한다.

왜 가정에서 몬테소리교육을 하여야 하는가?

Chapter 2

1. 가정과 몬테소리 영유아교육기관의 연계성

우리나라의 경제 성장과 교육은 참으로 놀라운 발전을 하였다. 물론 복합적인 요인으로 분석할 수 있지만, 경제 성장의 놀라운 힘은 바로 교육의 놀라운 힘과 일치한다고 볼 수 있다. 그리고 교육의 놀라운 힘에 대해서는 부모들의 자녀교육에 대한 열정과 관심에 찬사를 보낼 수 있다.

이러한 정황 속에서 한국의 몬테소리교육 프로그램도 비판과 환영을 동시에 받으면서 자녀교육에 중요한 역할을 하였다고 볼 수 있다. 이것은 몬테소리가 1950년 영국의 BBC 방송국과 인터뷰했을 때 기자가 질문한 내용과 일치한다. 당신의 교육방법이 성공할 수 있었던 가장 큰 힘이 무엇이냐는 질문에 주저없이 훌륭한 교사 양성이라고 대답했다. 가르치는 사람의 태도로 인한 자녀들의 변화를 부모들이 직접 목격한 것이다. 부모가 먼저 변화하는 자녀들의 모습을 보면서 몬테소리교육 프로그램의 교육적 가치를 인정한 것이다.

듀이는 "교육은 변화다."라고 외친다. 물론 교육은 인간을 변화시키는 큰 마력을 가지고 있다. 부모들이 몬테소리교육에 관심과 놀라움을 금치 못하는 이유는 자기 자녀가 스스로 독립적이고 자율적으로 변화하는 모습이 자주 목격되었기 때문이다.

전국에서 몬테소리교육 프로그램으로 영아교육을 선도하는 영유아교육기관이 많이 증가하였고 부모들 또한 의식적인 변화를 가져오게 되었다.

한국에서 영유아교육기관 이외에 가정을 대상으로 자녀교육을 선도하는 홈스쿨 제도를 도입하여 몬테소리 교재·교구를 제공하는 교구사들도 증가하고 있다. 예를 들면 한국에서 (주)한국몬테소리 회사, 하나 몬테소리, 아가월드를 들 수 있다. 이러한 현상은 자녀들이 영아기부터 가정에서 몬테소리교육을 접할 수 있는 기회를 마련한 것이다.

아마도 몬테소리교육 프로그램만큼 부정적이고 긍정적인 판단을 감내하면서 세계의 교육현장을 흔들림 없이 지탱해 주는 프로그램도 흔하지 않을 것이다. 심지어 미국에서 듀이의 제자인 킬패트릭(Kilpatrick) 교수는 몬테소리를 비판하는 저서를 출판하였다. 그는 이탈리아를 방문해 몬테소리와 직접 만난 다음 비판적인 글로 세상을 떠들썩하게 만들었으나 다시 몬테소리의 철학을 이해하고 나서는 서로 협력자가 되었다. 이런 일련의 과정을 겪으면서 오늘날까지 몬테소리교육 프로그램이 전 세계의 자녀들을 이끌어가고 있다. 몬테소리의 철학 속에는 자녀들을 위한 신비가 숨겨져 있다고 말할 수 있는데, 몬테소리교육을 가정에서 하는 이유는 다음과 같다.

왜 몬테소리교육을 가정에서 하여야 하는지의 질문에 대한 답은 오히려 간단할 수 있다.

- 자녀들이 처음 접하는 교육환경이 가정이기 때문에 가정에서 대부분의 학습 재료들을 흡수할 수 있는 것은 물론이고 인간이 태어나서 처음으로 접하는 사람이 부모들이기 때문이다.
- 가정의 행복한 생활을 위해서 자녀들이 주는 크고 작은 기쁨에

서로 만족감과 안정감을 주고받기 때문이다.

- 오늘날의 삶은 복잡하고, 정신이 혼미해질 것 같은 혼란, 빠른 속도의 변화, 스트레스라는 단어로 세상을 표현할 수 있지만 이런 세상에도 감동적이고 즐거움으로 가득한 환경을 자녀들이 만들어 주기 때문이다.
- 모든 부모는 자녀들에게 최고로 좋은 것, 가장 훌륭한 사람, 가장 건강한 자녀들로 양육하기를 원하고 우리 자녀들이 오늘과 내일 그리고 희망찬 미래를 무사히 살아갈 수 있는 에너지와 방법을 처음으로 가르치는 것도 가정이고 부모이기 때문이다.
- 가정에는 자녀들이 삶의 기초를 배울 수 있는 특성, 개념, 사물을 보는 눈, 수용해야 할 지식과 흡수해야 할 재료들이 분명히 존재하기 때문이다.
- 인간의 모든 행동, 생각, 태도, 문화는 가정에서 시작되고 가정의 영향력을 가장 많이 받기 때문이다.
- 삶의 기술을 조건 없이 가르치는 곳도 가정이기 때문이다. 부모들은 자녀들의 능력을 향상시키기 위해서 자기 스스로를 희생하고 먼저 솔선수범하여 자녀들을 훈련한다.
- 가정에서 부모는 매일 같이 자녀들과 함께 뛰어노는 일상생활을 통해서 일상의 방식으로 자녀들의 능력을 끌어 올려 줄 수 있기 때문이다.

가정에서 몬테소리교육을 필요로 하는 이유를 다음과 같이 생각할 수 있다.

- 몬테소리 영유아교육기관과 가정환경의 연결을 위해서 부모들이 몬테소리교육에 대한 이론을 알아야 한다. 예를 들면 활동

에 참여시켜 선택활동이 가능하도록 하는 것이다.

- 몬테소리 영유아교육기관에서 학습한 자기 통제를 할 수 있는 가정환경을 만들어 제공하기 위해서다. 예를 들면 실수에 대한 관대함, 자유로운 행동, 내재적 동기를 자극할 수 있다.
- 몬테소리 영유아교육기관에서의 학습은 친구들을 배려하고 존중하며 질서와 규칙을 지킬 수 있는 가정환경을 제공하기 위해서다.
- 몬테소리 영유아교육기관에서 학습한 내용들을 가정에서도 제공할 수 있는 활동과 환경을 제공하기 위해서다.
- 몬테소리 영유아교육기관에서 학습한 적절한 시간과 시기에 선택하는 것을 학습한 내용들을 가정에서도 제공하기 위해서다. 예를 들면 모든 어린이들은 선택하는 방법을 배워야 하며 기술을 훈련하고 발전시켜 나갈 수 있어야 하며 더욱더 어려운 선택들로 발전시킬 수 있는 기회가 필요하므로 가정에서 이러한 선택의 기회를 제공할 수 있어야 한다
- 몬테소리 영유아교육기관에서 학습한 부적절한 행동에 대해 제한하는 것을 가정에서도 이루어져야 하기 때문이다. 몬테소리 영유아교육기관에서 실시하는 일관적인 수면 시간을 유지하기, 식사 시간을 지키기, 에너지를 발산하는 실내·외 활동이 기회를 함께 하는 시간을 갖는 것도 가정에서 실시히여야 하기 때문이다.
- 가정에서 부모들은 자신들의 에너지로 자녀의 욕구를 충족시키고 훈련하기 위해서는 몬테소리교육이 필요하다. 자식의 욕구 충족에 최선을 다하는 열정적인 부모, 자녀의 자기 훈련, 책임감에 대한 이해, 자녀에게 제공된 자유를 조절할 수 있는 능

력은 부모들의 과업이기 때문이다.

2. 부모와 자녀의 관계

부모들에게 다음과 같은 질문을 던질 수 있다.

- 부모로서 나는 내 자식의 마음을 어떻게 알 수 있을까?
- 부모로서 나는 내 자식에게 "이것은 되고 이것은 안 돼!"라는 말을 어떻게 긍정적으로 전달하고 이해시킬 수 있을까?
- 부모로서 나는 내 자식이 부모의 말을 수용하고 인정하게 하려면 어떠한 방법을 사용하여야 하는가?
- 부모로서 나는 내 자식의 문제를 해결하기 위해서 어떻게 할 것인가를 신중하게 생각하는가?

대부분의 부모들은 자녀들에게 훌륭한 부모가 되기 위해서 다음과 같은 질문과 동시에 두려움을 갖게 되는 이유는 아직 성숙하지 않은 어린 자녀들에게 훌륭한 교육자는 부모 자신이고 부모는 자녀를 위해서 모든 것을 지지해 주고 가르쳐야 한다고 생각하기 때문이다. 이러한 걱정을 가지고 있는 부모들은 자기의 생각을 다음과 같은 질문으로 전환해 볼 수 있다.

- 어떻게 하면 자녀의 모든 행동과 생활을 존중하고 협력하면서 문제를 해결할 수 있는 능력을 키울 수 있도록 도움을 줄 수 있을까?
- 어떻게 하면 자녀가 우리 부모는 훌륭하고 항상 무엇이든 협력하고 도움을 주려고 노력한다는 것을 느끼도록 할 수 있을까?

● 어떻게 하면 자녀의 세계로 들어가서 그들의 마음과 발달교육 과정을 이해할 수 있을까?

가정에서 부모와 자녀 사이의 이러한 질문에 대한 답을 부모 자신이 가지고 있어야 한다. 가정은 어린이들의 학교이고 가정은 어린이들의 작은 사회이며 가정은 어린이들의 놀이터이다. 또 부모들은 가정에서 어린이들이 내적 행복과 외적 행복 두 가지 모든 행복을 충족시켜야 하는 가장 중요한 의무와 책임감을 가진다. 부모들은 어린이들의 생물학적인 욕구를 충족시켜 주어야 하는 것처럼 내적인 행복감과 외적인 행복감을 충족시켜 주어야 한다.

부모는 자녀들에게 안정감을 지켜줄 수 있는 훌륭한 부모도 되어야 하고, 훌륭한 환경도 제공하여야 하며 발달 단계에 적절한 교재·교구도 제공해야 하고 또 자녀들의 인격을 긍정적으로 발달시킬 수 있는 편안한 마음과 정서를 제공해 줄 수 있어야 한다. 자녀들의 내적 행복이란 몸, 마음, 정서, 정신적·주관적 자아를 의미하는데, 이렇게 건강한 몸, 마음, 정서, 정신적으로 안정감을 지지해 줄 수 있는 가장 중요한 사람은 바로 부모이기 때문에 훌륭한 부모가 필요하다.

어린이들의 일차적인 내적 행복이 만족된다면 발달과정에서 일어나는 민감기와 성장의 욕구를 부모가 애정이 어린 관심으로 이끌어낼 수 있다. 중요한 것은 부모의 행복지수와 어린이들의 행복지수는 일치하고 부모의 신뢰감은 어린이들이 신뢰감을 형성한다.

외적 행복은 물리적인 환경으로서 가정 분위기, 사회적 분위기, 종교 분위기, 어린이집, 유치원 분위기는 어린이들의 가치관, 정체성, 삶의 방향과 목표를 설정해 주는 객관적 자아이다. 어린이들은 준비된 환경으로부터 안정감을 가질 때 독립심, 자기 순종, 자아 만족감을 이끌어가는 작업에 몰입하게 된다.

가정에서 부모-자녀 사이에 긍정적이며 훌륭한 가정교육 방법을 만들어가는 요인에 대해 생각해 볼 필요가 있다.

- 존중받는 부모와 존중하는 자녀라는 상호 존중하는 관계를 만들어 가야 한다.

  부모는 자녀들의 상황에 따라 필요한 것들을 존중함으로써 자녀들의 정체성과 신뢰심을 형성해 주는 역할을 한다. 자녀는 부모의 소유물이 아니라 한 인간으로서 존중받을 권리를 인정해 줌으로써 친밀한 관계와 자세를 형성해 갈 수 있다.

- 자녀들의 행동 속에 숨겨져 있는 신비와 비밀을 발견하고 그들이 가지고 있는 믿음을 이해하여야 한다.

  모든 인간의 행동에는 인과관계가 있다. 자녀들이 행하는 행동에는 나름대로 이유가 있다. 자녀들은 출산과 더불어 인격 발달을 스스로 진행하려는 생물학적·정신적 강한 신뢰심을 가지고 있다. 부모가 자녀의 행동 이면에 있는 믿음을 이해하려고 노력한다면 자녀들의 행동을 변화시키는 데 효과적이고 성공적일 것이다.

- 부모는 자녀의 발달 단계와 연령에 대해서 그들의 눈높이에서 이해하여야 한다.

  부모가 자녀의 눈높이로 이해하려는 노력은 자녀의 능력과 이해력을 넘어서는 행동을 자녀들에게 기대하지 않도록 하기 위해 필요하다.

- 부모들은 자녀들과 긍정적이며 효과적인 의사소통을 할 수 있어야 한다.

  부모가 자녀의 이야기를 잘 듣고 필요한 것을 요청받고 제공할 때 자녀들은 상대방을 존중하는 단어 사용법과 행동을 배울 수 있다.

- 부모는 자녀들의 내재적 동기 유발을 할 수 있는 것은 훈육이다. 효과적인 훈육은 가치 있는 기술과 태도를 가르치는 것이며 자유방임적·처벌적인 태도는 아니다. 내재적 동기 유발은 생활하는 데 필요한 기술들을 스스로 터득하기 가장 좋은 방법이라고 확인되었다.
- 부모들은 보상과 처벌보다는 내재적 동기 유발과 해결에 집중하는 방법을 가르쳐야 한다.

부모들의 자녀에 대한 비난은 문제를 해결하지 못한다. 우선, 부모들은 어떻게 도전하고, 어떻게 문제에 접근하는지에 대한 방법을 결정해야 한다. 부모들은 자녀들이 성장하면서 직면하는 어려운 문제점들을 존중하고 도움이 되는 해결책들을 찾기 위해 함께 다음과 같이 노력해야만 한다.

❶ 격려해 주기

격려는 단지 성공을 의미하는 것이 아니라 노력과 성과를 축하하는 것이다. 장기적으로 자부심과 자신감을 만들어 준다.

❷ 자녀들의 기분을 전환해 주기

자녀들이 남의 이야기를 적극적으로 듣고 또 행동을 바르게 실천하도록 하기 위해서는 자녀들이 부끄러움, 굴욕, 아픔까지도 느껴야 한다고 생각하는 것보다 자신들이 격려 받고 부모와 연결되어 있으며 사랑받는 존재라고 느끼게 하는 것이야 말로 자녀들로 하여금 협력과 새로운 것을 배우려 하며 애정과 존경심을 보이려는 동기를 얻게끔 한다.

가정은 어린이들이 일상적 활동에서 일어나는 즐거움과 기쁨을 얻는 가장 중요한 장소이다. 자녀들은 평화로운 가정을 원하는데, 어린이들에게 외적 행복은 청소년기가 끝날 즈음이 되면, 일차적 행복만큼은 확고해진다. 이차적 행복감을 느끼게 되면 일을 통한 성취감, 자아실현, 우주에 관한 관심을 가지게 된다고 몬테소리는 말한다(Grazia Honegger Fresco & Sara Honegger Chiari, 2005). 행복한 가정을 위해서 부모들은 다음과 같은 조건을 생각해 볼 수 있다.

- 자녀들의 눈으로 세상을 보아야 한다. 자녀들은 성인이 아니라는 것을 생각해야 한다.
- 낙관적으로 가정과 세상을 볼 수 있는 사고를 가지도록 노력하여야 한다. 행복한 사람들, 평화로운 사람들의 모델이 되어야 한다.
- 자녀들의 내적 행복을 양육해 주도록 노력하여야 한다.
  내면의 평화로움 없이는 절대 정상화될 수 없다
- 부모는 자녀들이 가장 모방하기를 원하는 모델이고 가장 좋아하는 모델이다.
- 자녀의 행동을 느긋하게 그들의 시간에 맞추어 바라볼 수 있어야 한다.
- 자녀와 충분한 시간을 보내야 한다. 행복하게 함께 즐기는 시간이 즐거운 학습 시간이다.
- 부모의 관심이 독립적인 자녀를 만든다. 어린이가 자유롭다는 것은 활동하고 있다는 것을 의미한다.
- 자녀들과 중립적인 입장을 취하여야 한다.
- 자녀들에게 목표를 설정해 주되 의지적으로 극복하도록 한다
- 자녀와 함께 사람과 사물을 긍정적으로 생각하여야 한다.

- 자녀와 함께 지혜의 씨앗을 뿌려야 한다.
- 자녀들에게 꿈을 심어 주어야 한다. 꿈은 자녀 삶의 목표이고 자녀가 나아갈 길이다.
- 자녀들이 성취감을 경험하도록 작업을 완성할 할 수 있는 기회를 주어야 한다. 작업의 완성 결과는 또 다른 창의성 발달을 이끌어 내는 에너지가 된다.
- 자녀들에게 훌륭한 습관을 길들여 주어야 한다. 몬테소리는 훌륭한 습관은 자동교육으로 이어진다고 말하였으며, 또 반복학습은 훌륭한 습관을 만든다.

3. 부모들의 새로운 발견

갈렌스키(Gallensky, E., 2003)는 영아들의 뇌 구조는 이미 구체적인 방식으로 자기 환경 안에서 세상에 대해 알고 이해하기 위해서 스스로 자기들의 뇌를 확장시키고 발달시킨다는 사실을 증명하였다. 다시 말하자면 자신이 흡수하여 얻어진 지식들을 배울 수 있는 능력은 신생아기, 영아 초기부터 더 빠르게는 태아기부터 시작한다. 부모는 항상 자녀들의 새로운 현상을 발견하여야 한다.

- 생후 4개월 된 영아들도 우리가 가진 언어적 능력을 이미 보유하고 있으며, 어떤 소리가 어떻게 부정적인 느낌을 내고 긍정적인 느낌을 내고 있는지를 무의식중에 인지하게 된다고 제니 쉐프란(Jenny Saffran)의 연구에서 증명하고 있다.
- 영아들도 또래들과 이야기와 감정을 주고받을 수 있다. 평범하고 일반적인 환경에 노출된 평범한 영아들도 새로운 사람과 강

한 냄새 등 같은 물질에 반응하면서 얼굴을 찌푸린다는 것을 발견하였다. 놀랍고, 경이롭고, 신기한 발견이라고 할 수 있다.

- 부모들은 영아기의 자녀들에게 유아적 언어가 아니라 정확한 언어, 부모의 있는 그대로 표정, 부모의 태도, 몸짓을 경험하도록 하여야 한다. 태어나는 순간부터 자녀들과 정상적인 대화와 표정으로 상호작용을 하여야 한다.
- 만약 부모가 어린이들이 운동장에서 놀이활동을 중계하는 아나운서라면 어린이의 모든 행동을 하나도 빠트리지 않고 정확하게 중계할 때 관중들을 즐거워할 것이다.
- 어린이들의 의사소통을 정확하게 또 그들이 보고 있는 것을 말해 주며 익숙한 단어를 사용하여 반복적으로 이야기해 준다면 어린이들이 폭발적으로 언어 발달을 스스로 창조해 가는 것을 발견할 수 있다.
- 몬테소리는 어린이집에서 12개월 된 영아들이 자기 관점에서 단어들을 배우고 있는 것을 발견하였다. 예를 들면 자기가 익숙하고 좋아하는 사물의 명칭을 들으면 즉시 배우려고 하지만 관심 없고 재미없는 사물의 명칭에는 관심을 안 보인다. 스스로 학습방법을 터득하는 능력이라 할 수 있다.

4. 존경받는 부모와 존경받는 자녀

우리들은 누구나 존경받기를 원하고 존경하기를 원하지만 진정한 존경의 의미가 무엇일까? 부모-자녀의 관계는 다른 인간관계와 다른 차원이다. 가장 편한 관계라고 할 수 있지만 가장 기본적인 인간관계를 학습하는 모델이다.

1) 부모의 삶과 자녀의 삶

부모와 자녀의 관계를 말할 때 우리들은 흔히 부모들의 삶 자체가 자녀교육이고 그들에게 미치는 효과는 엄청나다고 말한다.

대부분의 부모들은 자녀의 행동이 마음에 안 들고 때로는 정상에서 일탈되어 있고 잘못되어 늘 자기와 어긋난다는 생각을 가지고 있다. 자녀의 행동을 변화시키고 그들의 갈등을 이끌어 내기 위해서 다양한 방법을 제시하지만 교육적 효과는 기대만큼 만족스럽지 않다. 다음은 부모들이 생각하는 것과 주장하는 것보다 아주 쉽게 부모들이 원하는 양육방법을 훨씬 간단하게 직관할 수 있다(Hart, S., & Hodson, V. K., 2006).

- 부모가 삶의 모델이 되었을 때 자녀들은 자기 부모의 행동과 가정문화를 흡수하여 훌륭하고 긍정적인 삶의 모델을 만들어 간다.
- 부모는 자녀들과 함께 하는 시간을 가능한 한 많이 가지는 것이 좋다. 자녀도 마찬가지다. 자녀는 부모들과 함께 한다는 느낌을 가질 때에 경험하는 좋은 감정, 안정감, 편안함이 형성된다.
- 자녀가 긍정적으로 양육되어가는 과정에서 부모의 태도, 생각, 느낌은 그들의 미러 뉴런이 된다(Galensky, E., 2010)
- 부모가 자신의 행동을 과감하게 변화시킬 때 자녀들의 행동도 역시 변화한다. 자신의 변화를 통해서 다른 사람에게 영향력을 주는 교육방법은 가장 설득력 있고 경험적이며 아름다운 방법이 된다.
- 가정에서 부모의 의무는 문화적 가치를 가르치고 현실화하는

것이다.

부모들이 마음을 가다듬고 생각해 보는 문화적 가치 기준은 무조건 자기 방식대로 가르치려 들고 잔소리하며 리더하면서 강한 어조로 조언하고 요구하며 부모의 입장에서만 행동 수정을 하려고 한다. 주변에서 가르치려고만 하는 성향을 가진 부모는 불행히도 좌절하고 자녀들은 짜증을 내며 그리고 갈등을 야기시키는 현상이 나타났다(Gallensky, E., 2010).

- 부모가 문화적 가치의 의미를 진심으로 자녀에게 가르치려고 최선을 다해 노력하였다면 자녀는 자신만의 방향과 자부심을 계발하려고 최선을 다하고 부모의 문화적 가치에 귀를 기울이게 될 것이다.
- 부모로서 자녀의 인생에 행복과 성공의 가치를 전달하고 이끌기를 원하지만 잔소리와 자기가 원하는 것, 필요한 것을 자녀에게 넘겨주거나 부모 자신의 가치를 나누어 주면서 그 가치만을 위해 살아가라고 한다면 자녀에게 영향력을 주기보다는 문화적 가치를 상실하게 될 것이다.
- 부모의 행동은 말보다 훨씬 중요하고 많은 효과를 낸다.
  자녀들은 부모의 행동을 복사기처럼 모방한다. 인생의 배움은 단지 5%만이 가르침에 의해서 학습된다는 통계조사가 있다. 나머지 95%는 가족 구성원, 사회적 교류, 사회 문화, 경험으로부터 학습된다. 이러한 측면을 고려한다면 자녀들은 부모들이 말하는 것보다 행동하는 것에서 더 많은 것을 배울 가능성이 있다.

대부분의 부모들이 자녀에게 대물림되기를 원하지 않는 요인들은 자기 부모와의 아픈 경험이 가슴에 남아 있기 때문이라고 말한다. 부모들의 유아기 경험 또는 삶의 형태가 긍정적이든 부정적이든 그들의 행동은 현재 자녀를 양육하는 방법과 부모가 살아가는 삶의 방식에 있어서 매우 중요한 삶의 근원이 된다.

- 자녀들은 정직한 가치관을 가진 헌신적이며 성실하고 존경받을 수 있는 부모들을 필요로 한다.
- 부모들은 자녀들이 성장하면서 배우면서 살아갈 수 있는 본보기가 될 수 있는 기회를 제공하여야 한다. 부모님들의 가치관은 자녀들 삶 전체에 영향력을 미치며 삶의 목적과 의미에 관해서 정체성을 찾아가는 데 정확한 생각을 가지게 하고 최선을 다해 균형 있고 조화롭게 살기 위한 강력한 동기 부여를 한다.
- 부모들이 진솔하게 살아가는 데 중요한 것은 완벽함이 아니라 목적 의식을 가지고 성실하게 살아가는 것이다. 대부분의 부모들은 자녀들을 가르치는 데 있어서 자신들의 가치관과 일치하지 않고 전혀 다른 상황들이 일어나는 경우, 비난하는 늪에 빠지지 않고 자녀들에게 정직할 수 있는 기회를 제공한다면 자녀들에게 진정한 정직이 무엇인지 배울 수 있는 기회를 제공하게 된다.

2) 사랑의 원천으로 이루어진 가정 공동체

존중받는 부모가 되기 위해서는 가정을 사랑스럽고 따뜻한 분위기가 감도는 가정으로 만들어 가족 구성원 모두가 사랑으로 연결될 수 있도록 만들 수 있는 능력이 있어야 한다.

- 가정은 자녀의 욕구와 가족 구성원 모두의 욕구를 충족시키고 다른 사람의 욕구 충족에 기여할 수 있어야 한다.

가정은 인생에서 가장 기본적인 가르침과 문화 그리고 삶의 방식을 배우는 최초의 학교이다.

- 가정은 사람과 사람의 관계, 사람과 다른 생명체의 관계를 처음으로 배우는 관계 학습장이다.
- 가정은 자녀들이 살아갈 미래에서 관계의 역할을 학습하여 친구들, 가족 구성원들, 배우자, 인생파트너, 이웃 공동체 구성원들, 직장동료 그리고 세상 사람들과의 관계를 맺어가는 근원적인 기술을 처음 학습하는 곳이다.
- 가정은 자녀들을 진심으로 사랑하며 진심으로 존경하고 보호하는 장소이다. 가정은 부모들이 자녀의 발달과 성장 속도, 자녀들이 원하는 것과 필요한 것을 지원해 주고 안내해 주며 존경으로 보살피고 도우면서 부모와 자녀의 협력관계를 배우게 하는 보호 장소이다.
- 부모들이 존경받는 가정을 만든다면 갈등의 근원인 두려움으로부터 자유로워질 수 있다.
- 가정에서 안에서 자녀들의 욕구, 또 모든 사람의 욕구는 중요하며 보호받아야 한다. 가정은 사랑으로 결속된 공동체이다. 사랑의 가정 속에서 자녀들은 자신들이 필요로 하는 삶 속으로 편안한 여행을 시작할 것이고 가족, 공동체, 국가 더 나아가서는 세계관을 형성하는 자기들만의 공간을 만들어갈 것이다.
- 가정에서 부모와 자식의 관계는 존중받는 부모, 존중하는 자녀의 모델을 만들어 가는 작은 공동체이다. 가족 구성원들의 존경심과 협동관계를 향상시키고 가족 구성원들 간의 의사소통관계를 향상시킨다.
- 가족 구성원들 사이에서 존경심과 협력은 구성원들 서로를 존

중하고 사랑하는 가정으로 만들 수 있는 부모의 능력을 양육하는 데 기여할 것이다.

- 가정 안에서 부모들의 진실한 사랑은 자녀들의 행동과 생각 그리고 태도를 변화시키는 훌륭한 경험을 할 수 있게 만든다. 자녀들이 변화를 지금 당장 보이는 것은 아니지만 미래의 공동체 생활에 반영될 것이다.

3) 가정에서 부모와 자녀의 협력관계

협력은 부모들에게 중요한 학습과 관계의 목적이 될 수 있다. 부모-자녀 사이의 협력관계를 적극적으로 활용하고 적극적으로 개발하여야 하는 학습 기술, 부모-자녀의 협력관계를 지속시키고 발달시키는 기술을 학습하여야 한다. 현재 우리들은 글로벌 시대를 살아가고 인간관계가 밀착된 국제사회에서 생존하며 성공하기 위한 능력은 협력할 때 얻어지는 장점을 배우고 실행하도록 시선을 돌려야 한다.

협력한다는 것은 '함께 일한다.'라는 의미를 가지고 있다. 진정한 협력은 명령하는 것이 아닌 상호적인 문제해결과 의사결정뿐만 아니라 자녀의 인생에 영향을 미치는 규칙들에 관해서 서로가 동의하는 태도를 의미한다. 애틀리는 협력이란 홀로 있을 때보다 함께 할 때 우리는 더 현명해질 수 있고 우리는 현명함을 이끌어낼 수 있는 방법을 알 수 있다고 말한다(조성자, 2012b).

부모-자녀 사이의 협력관계를 하나의 긍정적인 생존수단으로 발달시킬 수 있다. 부모들이 가정에서 협력관계를 긍정적으로 학습하고 습관들이는 것을 배움으로써 자신의 자녀들, 다른 부모들 그리고 이웃과 공동체 구성원들에게 발전과 변화의 시범자가 될 수 있다.

협력하는 부모들은 자기들이 세계평화와 유지에 한걸음 더 진화적인 진보를 창조하는 적극적인 참여자가 되어 어린이들을 이끌어 갈 것이다.

부모-자녀의 관계에서 협력은 훌륭한 생존방법이 될 수 있다(Hart, S., & Hodson, V. K., 2006).

진화생물학자인 엘리자벨 샤토우리스(Elisabet Sahtouris)에 의하면 협력은 생존에 있어 유일한 방법이라고 말한다. 대초원, 열대우림과 같은 완전한 생태계는 적대적으로 경쟁할 때보다 평화로운 협력관계가 이루어질 때 가장 훌륭하게 진화한다고 말한다. 자연과 생명체들의 협력관계로 인해서 복잡한 생태계는 수천억 년 동안 생명체들이 생존할 수 있었고 보존되어 왔다(Sahturis, E., 2000).

자연 속에 있는 생명체들은 서로 협력하는 방법들을 훌륭하게 터득하고 배웠기 때문에 생태계에서 모든 생물체들은 완벽하게 서로를 충분히 활용하고 의존하는 방법을 알고 있었다. 모두가 서로의 자원을 재활용하면서 상호 의존적으로 작용하였다. 그래서 모든 생산물과 서비스들은 모든 생명체들이 건강하게 유지될 수 있는 방법으로 자연 분배되었다. 이러한 자연현상이 바로 협력을 통한 생존양식인 것이다(Hart, S., & Hodson, V. K., 2006).

우리들은 자연재앙이 일어났을 때, 누군가가 슬픔에 잠겨있을 때, 즐거워할 때 동거동락하면서 서로 협력하는 아름다운 미덕을 가지고 있다. 인간들에게 평화로운 삶을 위한 생존수단으로 절대적으로 필요한 유일한 것이 협력관계이다. 부모-자녀의 협력은 두 사람이 함께 영향력을 주고받는 자연스러운 교육방법이다.

부모-자녀 사이에서 이루어지는 상호작용은 두 사람에게 조화롭게 영향력을 발휘할 수도 있고 그들과 함께 영향력을 행사할 수 있다. 영향력을 일방적으로 받는 것이 아니라 두 사람의 상호작용에 의한 친근감과 진실함을 느끼게 될 때 가능하다. 부모-자녀 사이에 협력이 이루어지지 않고 일방적으로 양육하는 부모들의 표현과 협력적인 표현방법을 비교해 보면 다음과 같다(Hart, S., & Hodson, V. K., 2006).

일방적인 표현방법	협력적인 표현방법
방을 즉시 치우기 바래! 안 치우면 알아서 해.....!	우리 함께 어질러져 있는 방을 치울까? 모두를 위해 유익한 답을 찾기를 바란다.
두 번 다시 반복하게 하지 마! 시키는 대로 해라!	우리 가족 중에 한 명이라도 결정과정에서 제외되어서는 안 된다.
말대꾸 하지 마! 듣기 싫어	이 일에 대해서 어떻게 생각해? 너희들의 생각을 듣고 싶구나!
몇 번이나 말해야 알아듣는 거야!	지금 너희들에게 필요한 것이 무엇인지 궁금해!
너의 생각과 행동에 관심이 없거든! 엄마가 시키는 대로 해!	이제 내가 좀 도와줄까? 아니면 이제 나와 함께 해줄 수 있겠니?
네가 하는 짓은 항상 그런 거지 뭐!	우리가 협력할 때 우리들은 즐거워요!
너희들이 알아서 해!	내가 이러한 말을 했을 때 너의 생각이 무엇인지 궁금하구나.
나는 너의 생각을 모른단 말이야!	나는 너를 이해하려고 노력해!

부모가 자녀를 위해 모든 것에 대한 우선권을 가지고 결정하여 전

달하고 복종하기를 원하는 것은 협력이 아니라 일방적인 양육방법이다. 일방적인 성향의 부모들은 자기들의 생각이 항상 절대적이고 자기들 기대수준에 맞추어 자녀의 행동을 관리하기 때문에 대부분의 시간을 잔소리, 훈계하기, 소리 높이기와 같은 방법에 사용한다.

일방적인 양육방법을 활용하는 부모들은 '너는 꼭 해야 해, 너는 분명히 해야 해, 너는 이것/그것을 안 하면 안 돼, 너는 무조건 해야 해'라는 용어를 사용하면서 자신이 명령과 요구를 전달한다. 이런 방법으로 양육된 어린이들은 자기 결정과 판단을 타인에게 의존하는 경향이 있다.

반대로 협력적 양육관계에 있는 부모들의 표현들은 자녀와 협력적으로 쌍방이 서로 영향력을 행사하므로 자녀가 하고자 하는 말과 행동에 귀 기울이고 경청하는 데 두려움 없이 자녀들과의 대화를 환영한다.

자녀는 부모가 자신의 말에 귀 기울이고 있다는 것을 스스로 깨닫게 된다. 부모의 경청하는 자세는 대화의 시작이며, 특히 먼저 경청하면 부모들은 자녀들의 생각, 느낌 그리고 욕구까지도 진정으로 공유할 수 있는 기회를 만들 수 있다.

부모들이 반드시 알아야 할 것은 일방적 영향력이든 쌍방적 영향력이든 자녀는 부모들이 말하고 행동하는 것으로부터 배운다는 것이다. 자녀는 부모들이 사용하는 방법을 받아들이고 가족 구성원과 친구들에게 사용한다. 또래 친구들과의 상호작용에 있어서도 똑같은 방법을 적용시키며 미래 인간관계의 기본적인 자세로도 활용하게 된다.

양육은 가족 구성원 서로에게 역학적인 관계에서 일어난다. 서로간에 진심으로 대함으로써 부모가 가르치고 훈계하며 혹은 부모가 원하는 것을 강요하여 목적을 행할 때 가질 수 없는 생명력과 기쁨이 존재한다.

몬테소리는 부모-자녀의 관계를 존중의 관계로 만들어 가야 한다고 말한다(조성자, 2012a). 부모가 자녀를 진심으로 지켜보고 바라볼 때 부모-자녀 사이는 서로 존경하게 된다. 부모가 자기 방식대로 생각 없이 말할 때 자녀들은 많은 상처를 입게 된다. 부모-자녀 사이에 존중의 관계는 어떤 것일까?

- 부모가 자녀로부터 더 많이 존중받기를 원한다는 것은 무엇을 의미하는 것일까?
- 자녀들은 부모로부터 더 많은 것을 배우고 경청하기를 원할까?
- 부모들은 자신의 상황을 자녀들이 적극적으로 이해해 주기를 원할까?
- 부모와 자녀 사이에서 벌어지는 언쟁, 폭력적 언어가 줄어들기를 원할까?
- 자녀들이 부모의 의견, 생각, 행동, 언어적 표현이 올바르다고 생각하고 동의하기를 원할까?
- 자녀가 부모를 존중하고 존경스러운 마음으로 바라보기를 원할까?
- 부모들은 자녀가 말대꾸를 하지 않고 순수하게 자신들이 원하는 대로 행동해 주기를 바랄까?

위에서 질문하는 것은 부모들의 바람이기도 하지만, 부모 자신이 존중을 이해할 수 있는 다양한 방법들이 있음에도 불구하고 바람을 성취하고 획득하며 요구하는 것은 힘든 일이다. 대부분의 부모들이 존중에 대한 다양한 생각, 느낌, 욕구를 의미하는 포괄적인 단어를 훈련한다면 부모-자녀의 관계를 긍정적으로 형성하는 훌륭한 요인이 될 수 있다.

부모-자녀 사이의 협력관계를 위해서 생각하면서 대화할 수 있는 습관이 형성되어야 한다. 부모가 자녀들을 존중하면서 대화하려고 노력한다면, 자녀들은 부모의 양육방법에 관심을 집중시킬 것이다. 부모들은 자녀들과의 갈등을 촉진하는 대화와 갈등들을 약화시킬 수 있는 협력관계를 위한 습관을 유지하여야 한다.

4) 부모-자녀가 함께 할 수 있는 것

가정에서 부모, 형제, 친척들과 유아기 추억은 평생 동안 자신의 삶을 풍요롭게 만들기도 하지만 평생 동안 괴로움의 흔적으로 남아 있을 수 있다. 부모와 자녀가 함께 어렸을 때 즐겨하던 게임 놀이하기, 여행 갔던 기억, 노래하기, 춤추기, 그림 그리기, 산책하기, 미래의 꿈과 희망에 대해서 이야기 나누기, 긴 겨울밤에 식구들과 옹기종기 둘러앉아서 웃고 즐기던 추억들 그리고 서로 끌어안기 등과 같은 단순한 놀이를 통해서 서로를 즐겁게 만드는 습관을 가진다. 그러기 위해서 부모들은 가정을 놀이 장소로 만들어야 한다.

자주 가족 놀이 모임을 가지는 것은 인간 삶의 기본적인 관계를 향상시킬 수 있는 훌륭한 방법이 될 수 있다. 가족 협력을 만들고 실천하는 것들은 가장 미시적 활동이다. 현대의 가족구조, 사회적 현상, 소규모 가족 형태, 사회·문화적 현상으로 인해서 이러한 활동을 강조하는 것은 무리가 있다 할지라도 부모-자녀 사이의 관계를 향상시키기 위해서 노력해야 할 부분들이다. 부모-자녀가 함께 할 수 있는 것들을 찾아본다.

- 부모-자녀 사이에 필요한 것과 원하는 것을 구별할 수 있어야 한다. 필요한 것은 제공해 주고 원하는 것은 제한점을 주어야 한다. 제한점은 어린이들의 행동을 통제하는 기준점이 된다.
- 부모들은 자녀들에 대한 평가를 금지하고 존경하는 마음으로 정확하고 분명하게 관찰한다.
- 부모들은 자녀들의 감정과 욕구를 연관시켜 조화와 안정감을 가지도록 보호해 주어야 한다.
- 부모는 자녀들에게 요청할 수 있지만, 자녀들이 할 수 있고 들어줄 수 있는 요청을 하여야 한다.

❶ 자녀들이 필요로 하는 것

즐거움, 자유롭게 할 수 있는 놀이, 학습하는 것, 자기가 원하고 좋아하는 것을 선택하는 것, 육체적이고 정신적 관리, 자유로움, 작업, 자기만을 위한 공간

❷ 몸 관리에 필요한 것

신선한 공기, 운동, 음식, 보호, 휴식, 성적인 표현, 주거지, 생명체, 사물과의 접촉과 관계, 신선한 물, 명상, 조용히 생각하는 시간, 기도, 창조적 작업

❸ 자기 자신과의 관계

성취감, 정상적인 인지 발달, 진실성, 도전의식, 명확성, 능수함, 창조성, 자신의 재능, 본성을 알아가는 것, 삶의 의미에 대한 생각, 개인 생활, 자기 발전, 자기 표현, 자부심, 자존감, 일, 작업의 완성감, 명상 등

❹ 다른 사람들과의 관계

감사하는 마음, 소속감, 자아 정체성, 삶의 기쁨과 슬픔을 나누어 공유하는 것, 고립화, 사회적, 문화적 관계, 심사숙고, 정서적 안전, 감정이입, 정직함, 상호 의존, 상호작용, 친절함, 사랑, 생명력, 공손함, 자신의 능력을 공유하고 나누는 것, 다른 사람을 지지해 주는 것, 누군가에게 중요하고 필요한 것을 나누는 것, 신뢰감, 이해심, 온정적인 마음, 공감대 형성 등

❺ 세상과의 관계

사람과의 관계, 자연과의 관계, 조화로움, 질서와 규칙의식, 세계평화를 위한 갈망, 자기가 소속한 공동체 참여, 생태적 안정감, 모든 생명체들을 사랑하기, 세계인들과 전-관계 형성 등

훌륭한 몬테소리 부모 되기 훈련 Chapter 3

몬테소리는 1922년 브르셀의 한 강연에서 어린이의 양육과 교육에 대한 연설을 하였다. 그녀는 그때 다음과 같은 질문을 하였다.

① 부모들은 자녀들을 알고 있는가?

② 어린이는 무엇을 원하고 있는가? :

③ 어린이들과 어떻게 협력하여야 하는가?

어린이들을 교육하고 양육하는 사람이라면 위 3가지 질문에 답을 줄 수 있어야 한다고 말했다(Holtstiege, H., 2012).

1. 부모는 자녀들을 알고 있는가?

첫째, 어린이들은 자기 고유의 특성을 가지고 있다.

몬테소리가 어린이를 논할 때 어린이에 대한 기본적인 철학이 있다.

- 어린이들은 인간의 어버이다.
- 어린이들은 인간의 스승이다.
- 어린이들은 영적 존재이다.
- 어린이를 따르십시오.
- 어린이를 섬기십시오.

몬테소리의 어린이에 대한 확신을 분석해 본다면, 성인들 자신이 항상 어린이를 가르치고 안내한다는 고정관념을 가지고 있다. 몬테소리의 입장에서 이러한 개념은 모순된 논리라고 생각할 수 있다. 어린들은 언어로 표현은 못한다 할지라도 생물학적이고 정신적으로 창조적 능력을 가지고 태어났으며, 성서에서 말하는 것처럼 어린이 같이 되지 않으면 천당에 들어 갈 수 없다는 이야기와 같은 의미로 어린이들은 순수하기 때문에 자연의 스승으로 모셔야 한다는 것이다. 성인들은 순수한 어린이들을 통해서 인간의 본질에 관한 무엇인가를 배우고 받아들여야 한다는 의미이다.

둘째, 어린이들은 천부적인 창조능력을 가지고 있다.

어린이들에게 성인을 따르도록 강요할 것이 아니라 성인들이 어린이들의 본성을 따르면서 본성을 드러내고 계발하는 데 필요한 것을 제공하여야 한다. 몬테소리는 수차례의 강연을 통해서 다시 어린이들의 외침에 귀 기울일 것을 강요한다(Holtstiege, H., 2012).

"나 스스로 할 수 있도록 나를 도와주세요." 이러한 외침은 어린이들은 아주 무능력한 존재지만 본능적으로 아무것도 가지지 않고 태어난 것이 아니라 삶의 설계도와 창조적 에너지를 가지고 태어난 존재이로서 그녀는 어린이들을 인간의 어버이로, 스승으로, 영적 존재로 간주한다. 자기 발달을 스스로 창조할 수 있는 내적 에너지인 호르메, 영적 태아, 정신적 힘, 생명력, 민감기, 창조적 힘과 같은 기본적인 능력을 가지고 태어났기 때문에 외적 동기 유발을 할 수 있는 환경이 주어진다면 자기 발달을 스스로 촉진할 수 있다고 생각하였다.

셋째, 어린이들은 영적 존재이다.

어린이들은 이미 정신력을 가지고 태어났고, 자유가 주어진다면 육체적인 욕구를 충족시킬 수 있는 운동과 움직임도 가지고 태어났다. 인간적인 측면에서 어린이들은 인격적으로 자유로운 존재다. 어린이들은 창조적 정신과 창조하려는 의지력을 항상 진행하고 있다.

넷째, 어린이들은 자기 발달을 위해서 사물, 사람과의 관계를 필요로 한다.

다른 한편으로 어린이들은 다른 사물과 사람과의 관계를 가지면서 인간적인 삶의 가장 중요한 부분인 가소성의 원리와 인간적 실존을 위해서 그리고 인간 발달에서 중요하다고 할 수 있는 지능과 정신 발달을 자기 삶의 과정에서 시작할 가치가 있다. 영아기는 특히 무의식적·질적으로 인지 발달을 이끌어가는 흡수정신의 시기이다. 흡수정신은 동물들이 먹이를 한꺼번에 삼켜 먹듯이 모든 인상을 완전하게 먹어버리는 것이다. 이렇게 무의식적으로 흡수한 완전한 인상은 우선적으로 다음에 발달을 위한 재료로 활용하고 발달 단계에서 분석하는 재료가 된다.

다섯째, 어린이들은 감수성을 통해서 유기체 발달을 시도한다.

인간은 태어날 때부터 완성된 것이 아니기 때문에 감각과 운동을 통해서 외부 세계에 줄줄이 널려있는 사물과 모든 상들을 지각작용을 통해서 뇌 속으로 끌어 들인다. 다행한 것은 척추동물인 인간의 모든 감각작용은 쉽게 움직일 수 있고 볼 수 있으며 들 수 있도록 앞면에 모두 부착되어 있다. 어린이들은 보고 만지며 냄새 맡고 듣는데 아주 편리한 몸의 구조를 가지고 있다.

이 시기의 영아들은 감수성이 최대한으로 발달하기 시작한다. 감수성이 정신을 발달시키지는 못하지만 유기체의 조직을 발달시키는 데 중요한 역할을 한다. 유기체들은 각자 완전하게 독립적으로 발달하지만, 정신적인 통합을 형성하기 위해서 유기체들도 서로 통합하기 시작한다. 생명체의 목적은 자기 자신을 보호하는데 활용할 수 있는 방법을 환경 속에서 탐색하며, 영아들은 자기 목적을 위해서 환경을 충분히 활용한다. 어린이들의 자유로운 활동과 정신을 위해서 그들을 보호하고 지도하는 책임은 부모에게 위임된다(Holstiege, H., 2012).

인간은 신비로운 존재이며 기적적인 일을 수행하는 놀라운 존재이다. 몬테소리는 저서인『어린이 정신』에서 어린이를 창조하는 신비로운 존재로 표현하였으며, 인간이 발달하는 과정에서 나타나는 기적적인 현상에 대해서도 서술하고 있다(Montessori, M., 1952; 조성자 역, 1994). 우주에 존재하는 신비스럽고 놀라운 존재인 모든 생명체는 작은 세포 하나에서 출발한다.

여섯째, 어린이들은 지구상에서 가장 아름다운 협력관계를 필요로 하는 존재다.

인간의 생명은 하나에서 둘로, 둘에서 넷으로 서로 협력관계를 유지하면서 세포 분열을 시작한다. 이러한 이유로 인간의 몸속에는 협력이란 유전인자가 흐르고 있다 라고 말한다(조성자, 2012)). 인간은 다른 동물에 비해서 부모관계를 중요시한다. 지구상의 생명체 중에 부모가 자식을 부양하고 자녀가 부모를 부양하는 동물은 인간뿐이 없다. 다시 말하자면 인간은 죽어갈 때까지 서로 협력관계를 유지하면서 살아간다. 이러한 긴밀한 협력관계는 두 사람 사이에 교육이라는 거대한 의무감과 책임감을 부여한다.

현대 교육학자들의 대부분은 교육에서 가장 중요한 시기를 영아기라고 한다. 이 시기의 영아들은 정신과 더불어 창조하고 자유로운 인성을 발달시키며 무엇인가 발견하고 탐색하는 능력을 스스로 발휘한다. 모든 생명체들은 자연과의 조화로움을 유지하기 위해서 투쟁하면서 위험에 적응할 수 있는 능력을 스스로 훈련한다. 몬테소리는 부모들에게 근본적으로 영아들의 정신적인 발달을 도울 수 있는

3가지 근거를 제시한다(Holtstiege, H., 2012).

① 가장 중요한 것은 영아들 스스로 이해할 수 있는 방법을 찾아 주고 조심하고 있다는 것을 적절하게 확인시켜 주는 것이 중요하다.

② 영아들의 활동욕구는 어디에서든지 보호가 가능한 거리에 있어야 한다.

영아들을 도와주는 것이 아니라 영아 스스로 교육되어질 수 있도록 돕는 것이다. 부모들이 어디에서든지 영아 스스로 활동하는 범위를 한 눈에 볼 수 있는 것을 의미한다.

③ 영아들은 반대로 우리가 생각하고 믿고 있는 것보다 훨씬 더 감각적으로 외부로부터 영향을 받는다. 영아들은 감각작용과 운동을 통해서 외부의 물질과 교육 자료들을 뇌의 내부로 끌어들이기 위해서 스스로 창조작업, 생명력, 충분한 에너지를 가지고 있다. 영아들은 자기 앞에 놓인 사물을 보았을 때 즉시 그 사물을 향한 지향성을 가지게 되며 외부적인 영향력으로부터 충분하고 완전하게 고리관계를 유지할 수 있도록 준비되어야 한다.

위의 3가지 주의할 점을 고려하면서 자녀교육을 위한 주의점을 생각해 볼 수 있다.

① 부모가 올바르다고 생각하는 영아들 활동의 현상은 무엇인가?

② 교육을 통해서 봉사하는 것과 도와주는 것 사이의 차이점과 영아가 스스로 한다는 것은 어디에 초점을 맞추는 것인가?

③ 어린이들에게 심리적으로 가장 민감한 것들이 외부적으로 어떻게 나타나며, 그들이 밖으로 나타내려는 행동은 어떻게 표현

할까?

위의 3가지 질문들은 항상 부모들이 어린이들을 관찰하면서 중요하게 생각하여야 할 과제들이다.

즉, 어린이들에게 올바른 행동이란 자기들의 내면 세계를 거스르지 않고 나타내는 행동들이다. 내적 욕구를 표현하는 것이기 때문에 옳고 그름보다는 그들이 지향하고 있는 행동 자체를 부모가 보는 것이다. 만약 어린 1세 미만의 영아가 올바른 행동을 하지 않는다면 부모가 올바른 시범을 끊임없이 보여 주어야 한다.

2. 몬테소리가 발견한 어린이들

1) 어린이들과의 만남

몬테소리는 개인적인 사정으로 인해서 그녀의 큰 야망이고 꿈이었던 의사의 길을 접고 이탈리아에 한참 민주화 바람이 불어오던 1907년에 불행한 어린이들을 교육해 달라는 로마부동산협회 회장의 부탁을 받고 기꺼이 승낙한다. 이러한 제의는 그녀의 인생사를 새롭게 만들어가는 운명적인 기회를 만들었다.

몬테소리는 그 당시 비림받은 빈민가의 어린이들을 만나고, 거의 강요하다시피 그들의 부모와 약속을 하면서 자신의 교육방법을 부모와 함께 실천해 나아가려는 신념을 확고하게 전달하였다. 그녀 나이 36세 때 일이다.

그녀의 놀라운 신념과 믿음을 확인하려는 장소는 로마의 외곽 도시인 지저분하고 전 세계에서 몰려든 이민자들의 집단 거주지이자

범죄가 들끓는 산 로렌조(San Lorenzo)에서 시작되었다. 로마부동산협회는 허물어져가는 많은 아파트들을 재건축하고 깨끗하게 정리하여 대략 천명의 사람에게 주거 환경을 제공해 주기로 결정했다.

부동산협회는 도시 재개발 프로젝트의 실천과 포상 그리고 재개발로 벌어들일 수 있는 경제적 이익만을 생각하고 재개발 프로젝트가 완성되어지면 재건축 아파트 값이 떨어지지 않고 아파트 가치를 높일 수 있는 재건축 시설을 맞벌이 부부에게 임대하기로 결정하였다. 그래서 아파트에 거주하는 맞벌이 부모들이 일하는 동안 어린이들을 보호하고 양육해 줄 방법을 찾아야만 했다.

다른 한편으로 아무런 보호 없이 집에 있는 어린이들이 재건축한 아파트에 물리적으로 피해를 줄 것이라는 두려움도 있었기 때문에 누군가에게 의뢰하여 어린이의 양육과 보호를 위탁하기로 결정하였다. 로마부동산협회는 수소문하여 마리아 몬테소리를 찾았고, 동료 의사들은 의사의 사회적 지위를 약화시킨다는 이유로 반대하였음에도 불구하고 몬테소리는 부탁을 수용하였다.

몬테소리는 어린이교육을 위해 어린이집이 부모들과 상호 연관성을 가질 수 있는 교육의 장소가 되기를 희망하였고, 부모들이 자녀들의 발달에 적극적으로 지원할 수 있는 방법과 올바른 이해를 가지게 되기를 희망했다. 그 당시 자녀교육을 부모와 연관지우는 것은 시대와 문화에 대한 새로운 도전적인 생각이었다.

1907년 1월 6일 어린이집(Casa dei Bambini)은 2세에서 6세에 해당되는 50명의 어린이들과 함께 개원하였고, 시설은 재건축 아파트 중 한 동의 1층에 설립되었다. 제공된 가구라고는 성인들을 위한 책상, 잠금장치가 있는 철제 장식장 몇 개뿐이었다.

몬테소리는 그때부터 어린이들을 위한 교구와 교육 자료를 구입하기 위해서 곤자가레디가의 왕족으로부터 도움을 받았다. 특히 지적장애아들이 사용할 수 있는 감각교구들을 우선적으로 구입하려고 하였다.

몬테소리는 자기와 함께 어린이들을 양육해 줄 수 있는 직원을 채용하여 시간적 여유를 가지고 규칙적으로 어린이들을 관찰할 수 있었고 관찰한 내용에 근거하여 직접 가르치면서 어린이들의 반응을 연구하기 시작했다.

처음 어린이들은 겁에 질려서 울고 떼를 쓰면서 어린이집에 등원하였다. 한 번도 인간적인 대우를 받아보지 못한 모든 어린이들을 존중해 주고 안정감을 느낄 수 있도록 도와주었다. 어린이들이 자기 말에 복종하기보다는 그들이 좀 더 독립적이고 자율적으로 생활할 수 있는 능력을 가질 수 있도록 돕기 위해서 애정과 사랑을 가지고 인내하면서 위생적이고 실제적이며 일상에서 살아가는 기술을 설명하였다. 몬테소리가 어린이들에게 코 푸는 방법을 시범으로 보여주었을 때 어린이들은 몬테소리의 설명에 매우 흥분했고 감동하였다. 몇 주가 지나고 몬테소리가 제공했던 감각교구의 제시방법을 통해서 어린이들이 실제적으로 살아가는 방법들과 과업을 배우기 시작하면서 재미없어 하고 반항적이던 어린이들의 행동은 열정적이며 관심과 흥미, 재미있어 하는 태도로 변화하였다. 기적이 일어난 것이다. 어린이들은 더 건강해 보였고 자신감은 더 확실해 졌으며 타인에 대한 그들의 행동은 경쟁적이기보다는 협력적인 행동으로 변했다. 이러한 변화의 여파는 어린이들이 할 수 있다는 확신감과 몬테소리 발견의 경로를 열어주었고 어린이의 본질에 대한 몬테소리의 첫 통찰력의 일부가 되었다.

처음으로 곤자가레디 가문에서 몬테소리에게 제작해 준 몬테소리 가구와 교구들이다(Fresco, G. H., 1993).

어린이집의 가구들

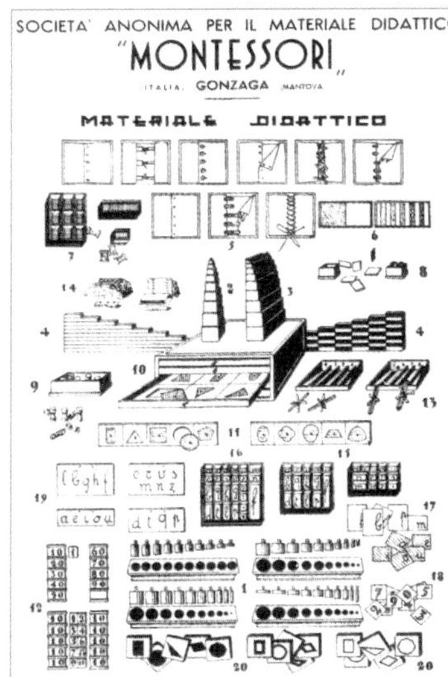

어린이들을 위한 교구

2) 어린이들의 집중력과 반복활동

몬테소리가 어린이집 교실을 방문한 어느 날 3세의 여자 어린이가 변별력을 훈련하는 꼭지 원기둥인 감각적 교구를 가지고 집중하여 작업하는 것을 목격하였다. 꼭지 원기둥 교구는 긴 나무 구멍에서 꼭지원통을 꺼내서 섞은 다음에 다시 맞는 크기의 원통에 끼워 넣는 작업이다.

몬테소리는 어린이가 교구연습을 놀라울 정도로 계속해서 반복하는 것을 인지하게 되었다. 어린이가 실제로 얼마나 집중하고 있는지 알아보기 위해서 몬테소리는 교사에게 어린이들이 행진하고 노래를 부르도록 하였다.

몬테소리는 어린이가 주위 환경에 전혀 방해를 받지 않고 혼자서 작업에 몰입하는 것을 보면서 그들이 본성적으로 가지고 있는 집중력과 반복활동에 놀라움을 금치 못했다. 한 가지 교구를 가지고 42번을 반복한다는 것은 정신적으로 완전히 작업을 지배한 결과라는 것을 알았다. 이는 어린이들이 반복활동 없이는 집중력을 강화할 수 없다는 사실을 증명하였다. 42번 이상을 반복 훈련한 후에야 어린이가 작업을 멈추면서 나타내는 표현은 그야말로 "나는 위대한 작업자야"라고 외치는 것 같았다. 몬테소리는 어린이의 표정을 다음과 같이 설명했다.

> "어린이는 마치 꿈에서 깨어난 듯이 행복하게 미소를 지으며 멈추었다. 어린이의 눈은 유이알처럼 밝게 빛났고, 주위를 안정된 자세로 둘러보았다. 어린이는 심지어 우리가 방해하기 위해 했던 일을 알아차리지도 못했다."

이것이 몬테소리가 발견한 어린이들의 진실한 모습이었다.

3) 어린이들이 사랑하는 질서

몬테소리가 발견한 또 다른 것은 1~6세의 어린이들은 정신세계를 어떻게 구성하는지 학습하는 단계로서 정리정돈 하는, 즉 질서의 민감기 시기다. 어린이집을 처음 개원했을 때 교사들은 어린이들과 함께 교구작업을 마친 다음 교구장을 원래의 상태로 정리해 놓았다. 몬테소리는 어린이들이 교사가 어느 곳에 교구들을 정리해 두는지 보기 위해 교사를 따라다니는 것을 관찰했다. 어린이들은 마치 엄마를 졸졸 따라다니는 것처럼 조용히 따라 하였다.

몬테소리는 이러한 태도는 어린이들이 자신이 작업한 교구를 교구장에 다시 정리하기를 원한다는 의미로 해석했다. 그때부터 어린이들에게 그들 자신이 작업한 교구를 교구장에 되돌려 놓을 수 있도록 허락했다.

부모들은 어린이들이 본능적으로 가지고 있는 질서의 민감기를 발견하여 질서를 사랑하는 습관이 들도록 훈련하여야 한다고 몬테소리는 말한다.

4) 자유 선택과 열린 교구장

하루는 방문객들이 어린이집을 견학하기 위해서 찾아온 날 아침에 발생한 일이었다. 어린이들은 즐거운 마음으로 솔선해서 방문객들을 맞이했다. 교구장이 마침 열려 있었기 때문에 어린이들은 문을 열었고 자기들이 작업할 교구를 꺼내어 자신들이 자유롭게 선택한 활동을 하면서 생각에 빠져들기 시작했다. 어린이들은 아주 만족스러워 하는 모습이었다.

어린이들의 이러한 모습을 목격한 몬테소리는 교구장을 굳이 자물쇠로 잠글 필요가 없다는 생각을 하였고 모든 작업에 필요한 교구들이 어린이들을 위한 열린 교구장에 정리정돈되게 하였다.

몬테소리는 어린이들이 관심을 가지고 있는 교구들을 작업실이나 활동실에서 자유롭게 선택할 수 있는 기회를 제공하여야 한다고 생각하였다. 어린이들에게 자유 선택이란 자신들의 내재적 동기를 부여할 수 있는 기회를 제공하는 것이다.

몬테소리는 처음부터 어린이집에서 장난감과 교육적 재료들을 모두 어린이들이 선택할 수 있도록 배치하였다. 몇 번이고 계속해서 어린이들은 자기들이 장난감을 가지고 단순히 놀기보다 교육적인 활동을 통해 놀이하는 것을 더 좋아하는 발현적 놀이 활동을 보여주었다. 몬테소리는 어린이들이 의미 있는 놀이 활동을 할 때 내면에서 깊은 만족감을 느낀다는 놀라운 발견을 하였다.

5) 보상과 체벌은 어린이들의 욕구를 자극하지 못한다

몬테소리는 교사가 어린이의 행동을 통제하고자 보상행위를 사용하는 것을 보았을 때, 보상과 채벌 둘 다에 대해 어린이들이 적극적으로 반응하지 않는 것을 관찰하였다. 과자류나 작은 상장은 어린이들에게 유용해 보이지 않았다.

몬테소리는 어린이들이 받은 상품을 내버려둔 채, 자신들이 선택한 일에 몰두하는 것을 여러 번 관찰하였다. 벌에 대해서는 어린이들이 자신의 행동에 대해서 창피하고 부끄럽다고 느낄 때, 단지 자신 안에서 더 많은 부정적인 생각을 하도록 자극하는 것을 관찰하였다.

몬테소리는 통찰을 통해 훈련하는 최상의 형태는 의미 있게 활동에 몰입하는 어린이들로부터 표출되는 것은 내적 훈련이 내재적 동기를 유발한다는 것을 알았다.

몬테소리는 어린이들이 자신에게 흥미를 일으키는 일에 몰입하게 되면, 자연적으로 자신의 충동을 통제하게 되고 활동에 더 집중한다는 것을 관찰하였다.

어린이들은 활동하는 동안 자신의 진실한 자아로부터 동기화되어 표출되는 내적 만족을 경험하게 된다. 어린이들은 만족한 상황에서는 일탈적 행동이 사라진다.

몬테소리는 소위 말해서 '장난꾸러기'와 같은 무질서하고 부자연스러운 현상은 작업에 몰입되지 않은 상태라고 말한다. 즉, 어린이들의 진실된 본성으로부터 연결이 차단된 상태라고 할 수 있다. 몬테소리는 이러한 차단된 상태를 진실성을 가진 '정상상태'로부터의 '일탈된 행동'이라 말한다.

6) 활동과 학습의 자유

몬테소리는 어린이집을 처음 개원하고 얼마의 시간이 지난 다음부터 작업과정에서 활동의 중요성을 알게 되었다. 몬테소리는 활동과 5가지 감각기관의 사용을 통해 작업에 자신이 구체적으로 몰입되어질 때 더 많은 것을 기억해 내는 것을 발견하였다. 몬테소리는 작업활동에 대한 욕구를 활성화하기 위해 활동과 감각 모두를 활용할 수 있는 교구를 제작하였다. 또한 몬테소리는 어린이들에게 주어진 구체적인 교구들을 자유롭고 편하게 사용하고 쉽게 움직일 수 있도록 어린이들의 크기와 눈높이에 맞도록 교구와 교구장, 선반을 설계하였다. 또한 몬테소리는 교실에 식물과 동물을 가지고 들어와 모든 생명체들을 사랑하는 방법을 가르쳤으며 어린이들은 식물과 동물을 보살피는 데 관심을 집중시킬 수 있었다. 즉, 생태교육이 이루어진 것이다. 어린이들은 꽃에 물을 주고 동물에게 먹이를 주는 것을 좋아했다.

7) 자유와 훈련

몬테소리는 교실에서의 자유가 결코 혼란을 의미하지 않는다는 사실을 알게 되었다. 몬테소리는 어린이들이 질서정연하게 정리된 환경 속에서 창조적으로 행동할 수 있는 자유를 제공하여 자유로워지기에 성공해야 한다고 생각하였다.

몬테소리는 어린이들에게 제공한 자유가 혼란스러운 무정부상태를 의미하는 것이 아니냐는 질문을 받았을 때 다음과 같이 답하였다.

"모든 어린이들은 어떤 순간에도 거칠고 무례하게 행동하지 않고 편안하고 지적이다. 몬테소리는 이런 모습은 자발적으로 활동하는 교실을 보면서 생각하게 되었는데, 아주 훌륭하게 훈련된 교실로 보여졌다."라고 겸손하게 대답했다.

어린이들은 자유롭게 활동하고 자유롭게 자신의 작업을 선택하며 흥미를 가지는 한 자유롭게 자기 작업을 지속할 수 있었다. 만약에 한 어린이라도 교사에게 집중을 하지 못한다면 자기 자신에게 다시 관심을 집중할 수 있는 시간을 주었으며, 그래도 관심을 집중하지 못한다면 어린이를 존중하는 차원에서 의미 있는 작업으로 방향을 전환하여야 한다. 교사의 책임은 어린이들의 발전과 교육을 위해서 적절하게 교구를 선택할 수 있도록 배려하면서 어린이들을 이끌어 가야 한다.

몬테소리는 어린이들의 특성이나 기질에 상응하면서 창조적으로 작업에 몰입했을 때 어린이들에게 자연적으로 선함과 착한 마음이 발현되는 것을 경험하였고 발견하였다.

8) 지속적으로 학습하는 것

몬테소리는 통찰력과 더불어 어린이들이 필요로 하는 것과 성취할 수 있는 능력에 대한 연구를 계속하였다. 한 전통적인 이야기는 어린이들을 위한 읽고 쓰는 방법에 관한 경험이었다. 그 당시에 일반적인 태도는 어린이들에게 6세 이전에는 읽기와 쓰기를 허용해서는 안 된다는 것이 관습이었다.

그러나 몇몇의 어린이들은 몬테소리에게 어떻게 읽고 쓰는가를 질문하기 시작하였다. 자신들이 읽고 쓰는 것을 할 수 없는 부모들도 어떻게 자녀에게 읽기와 쓰기를 배우도록 도와줄 수 있는지 방법을 질문하기 시작하였을 때 몬테소리는 어린이들의 가능성을 탐색하기 시작하였다.

탐색과정을 시작하기 위해 몬테소리는 2가지로 분리된 현재의 알파벳 이동 상자를 제작하였다. 하나는 어린이들이 다룰 수 있는 두꺼운 종이로 된 알파벳이었고, 다른 것은 나무 블록 위에 사포 철자가 올려져 있는 모래판 알파벳이었다.

새롭게 제작한 알파벳 상자는 어린이들이 글을 쓰는 손의 검지와 중지로 철자의 모양을 따라 쓸 수 있도록 구성된 것이었다. 어린이들은 이 활자체로 작업을 진행해 가면서 철자의 이름을 듣기보다 실제적으로 그 철자의 소리를 듣게 되었다. 어린이들은 이 알파벳 활동에 깊이 매료되고 알파벳 교구들을 가지고 활동하게 되었다.

그러던 어느날 한 어린이가 각 단어에 귀를 기울이고 매트 위에 원하는 철자를 나열하면서 단어를 단계적으로 완성하게 되었다. 정말 흥미진진한 발견이었다.

그 다음 단계의 수준은 몬테소리가 어린이들과 아파트 위 옥상에 올라갔을 때 일어난 일이었다. 몬테소리는 어린이들 중의 한 명에게 지붕의 타일에 그림을 그릴 수 있도록 분필을 주었다. 어린이가 시키는 대로 한 다음에 "난 이제 쓸 수 있다. 난 쓸 수 있어!"라고 큰소리를 지르면 즐거워하였다.

그런 다음에 어린이는 타일에 엎드려 앉아 이탈리아어로 손을 의미하는 단어 'Mano'라고 쓰는 것이었다. 그 어린이가 즐거움으로 가득 차서 열광하자 다른 어린이들이 이 놀랍고 신기한 결과를 보려고 모여들기 시작하였다. 이러한 상황에서 어린이들은 분필로 쓰려고 자기 차례를 기다리고 어린이들도 성공적으로 단어를 써내려갔다. 이렇게 놀라운 발견을 그녀는 다음과 같은 글로 그때의 상황을 회고하였다.

"나의 어린이들이 쓸 수 있었던 첫 번째 명사인 단어가 어린이들 내면에서 말로 표현할 수 없는 기쁨과 만족스러운 감정을 불러 일으켰습니다."라고 몬테소리는 말하였다.

몬테소리는 어린이들이 쓰기를 학습하는 과정에서 만족스러워하는 모습을 보았고 다시금 단어를 반복적으로 써내려가는 것을 보았지만 여전히 읽기는 할 수 없었다. 그런 다음 6개월 후 흥미로운 일이 일어났다. 몬테소리는 칠판에 다음과 같이 짧은 문장을 하나 써두었다.

"만약 나를 사랑한다면, 나의 볼에 입맞춤을 해 주세요. 이 글을 읽을 수 있다면, 나에게 오세요."

네 번째 날 한 어린 소녀가 몬테소리에게 와서 "왔어요!"라고 답했다. 쓸 수 있는 능력이 읽을 수 있는 능력으로 변화하는 기회를 만들어 준다는 것을 어린이들이 깨닫게 되면서 읽기에 대한 또 다른 하나의 폭발적 시기가 일어난 것이었다. 어린이들은 읽기와 쓰기라는 조용한 대화의 새로운 의미를 발견하게 되었다. 어린이들의 문해능력에 대한 발달과정을 보면서 새로운 발견을 하게 되었던 것이다.

이 모든 사실은 몬테소리가 어린이와 더불어 생활하면서 경험하여 발견한 것이다.

3. 자녀들이 실제적으로 필요로 하는 것

일반적으로 어린이 혹은 성인이라 할지라도 원하는 것과 필요로 하는 것 사이에는 차이점이 있다. 반면 어린이들이 필요로 하는 것은 성인들이 생각하고 있는 것보다 훨씬 단순할 수 있다. 중요한 것은 어린이들이 필요로 하는 것들은 대부분 하위욕구에 관계되는 것이므로 충족되어야 한다. 그들이 필요로 하는 것은 본능적인 욕구와 관계되어 있기 때문이다.

다른 측면에서 어린이들이 원하는 것을 전부 허락한다면 교사와 부모 그리고 어린이들 사이에 예기치 않은 문제를 초래할 수 있다. 예를 들어 어린이들이 절제 없이 먹은 음식, 필요 이상의 보살핌, 통제 없는 자유로운 행동, 무절제한 행동 등이다. 어린이들의 무절제한 컴퓨터 놀이, 자기 집에 놓인 텔레비전 앞에서 소모하는 긴 시간, 방대한 양의 장난감 등을 원하는 대로 제공하는 것이다. 이러한 경우 행동을 통제하는 기준점이 없어진다(Galinsky, E., 2010).

예를 들면 전문가들은 아주 어린 영아들이 장시간 텔레비전 화면 앞에서 시간을 보내게 되면 뇌가 적절하게 발달하는 것을 방해할 수 있다고 경고한다. 또 자녀가 원하는 것을 모두 부모가 대행해 준다면 부모 스스로가 자녀를 의존적으로 만드는 것이고 자기 통제력에 대한 훈련을 방해하게 된다.

부모들은 영아기부터 자녀들에게 절대적으로 소속감의 의미에 대한 중요성, 잠재적 능력의 계발, 창조적 에너지의 활성화, 개인의 운동, 움직임, 자유적 활동, 사회성 및 삶의 기술을 발달시키는 것이 필요하다. 위 7가지 요소들은 그들이 발달하는 과정에서 무수히 반복적으로 훈련하여야 할 사항들이다.

부모들이 자녀들에게 이러한 요소들을 발달시킬 수 있는 환경을 제공해 줄 수 있다면, 자녀들은 만족하며 자율적이고 행복한 인성을 가진 한 개인으로서 행복한 삶을 살아 갈 것이다.

우선적으로 어린이들에게 실제적으로 필요한 다음의 사항들을 고려하여야 한다(Galinsky, E., 2010).

❶ 어린이들에게 소속감과 중요성에 대한 의미를 인식시키는 것이다

우리들은 물론 자녀가 가정의 울타리 안에 소속되어 있는 것이 필요하다는 사실을 알고 있다. 대부분의 부모들은 어린이에게 정말로 필요한 것은 아주 단순한 사랑이라고 생각한다. 물론 어린이는 사랑이 필요하지만 사랑이 소속감이나 가치관을 만들어 내는 것은 아니다. 성인들이나 어린이들은 모두가 어딘가에 속할 필요가 있다.

우선 어린이들에게 소속감은 안정감을 준다. 자녀들은 가정과 부모가 있다는 자체로 정신적·육체적 안정감을 느끼고 그런 환경을 무조건 받아들인다. 나이가 어린 영아들일수록 소속감은 훨씬 더 중요하고 필요하다.

영아들이 짜증을 부리며 주위 환경을 무질서하게 어지럽히고 밥을 흘리며 물건을 던지고 부수었을지라도 엄마로부터 자신이 사랑받고 있고 필요한 존재라는 사실을 알 수 있는 방법이 바로 가정에 소속되어 있기 때문에 느낄 수 있는 정서이다.

자신이 어딘가에 소속감을 가지지 못하는 어린이들은 의기소침하며, 이런 어린이들은 대부분 스트레스에 민감하거나 반 친사회적인 행동을 하게 된다. 어린이들이 '믿는다'라는 느낌은 어린이가 어느 곳에 안전하게 소속되어 있다는 점이 중요한 의미를 가진다. 부모들이 자녀와 가족의 모든 구성원들에게 소속감과 자신들이 의미가 있는 중요한 사람들이라는 느낌을 충분히 촉진해 줄 수 있을 때, 가정은 평화롭고 서로 존경 받고 존경하는 관계와 가장 안전한 둥지와 같은 장소가 된다.

❷ 자녀들의 능력에 대해서 지각하여야 한다.

자녀가 태어날 때 무기력하다는 것은 부모도 이미 알고 있다. 영아는 움직임을 조절하고 어딘가로 손을 뻗치며 움켜쥐고 혼자서 걸으며 먹고 기어오르는 것들을 배우기까지는 많은 시간들을 필요로 한다. 부모로서 자녀의 능력을 지각하는 것은 대단히 중요하다. 부모의 의무감은 자녀를 안전하게 양육하고 자녀가 필요로 하는 요구를 들어 주며 자녀가 울 때 달래줄 수 있는 인내심을 가져야 한다.

부모들은 자녀 양육을 위해서 많은 어려움을 겪기도 하지만 자녀의 발달과정에서 일어나는 신기함과 경이로움 그리고 놀라운 신비는 자녀를 가졌다는 기쁨으로 변한다. 이렇게 자녀의 행동을 관찰하는 것은 부모 자신의 능력을 지각하는 것이다.

반면 부모들이 단순이 사랑이라는 이름으로 자녀를 위해 너무 많은 것들을 대신해 준다면 자녀 자신이 무능력하다는 믿음을 스스로 형성할 가능성이 있다. 부모들은 자녀들이 자신의 능력에 대한 지각을 할 수 있도록 격려하는 것이 중요하다. 능력이란 무엇인가를 성취하고 스스로 경험하며 사회적 기술들을 정확하게 발달시킴으로써 얻어지는 결과들이다. 어린이들은 무한한 능력을 가지고 있는 동시에 준비된 환경만 주어진다면 스스로 창조할 수 있는 내적 생명력, 내적 에너지를 가지고 있다(조성자 역, 1994)

❸ 자녀들의 내적 에너지와 자율성에 대한 이해를 하여야 한다.

부모들이 우선적으로 자녀들에게 제공하여야 할 과업은 그들의 자율성, 독립심, 자주성에 대한 발달과업을 수행해 주는 것이다. 어린 영아들조차도 개인적인 잠재적 내적 힘을 가지고 있으며, 그 힘을 어떻게 사용할 수 있는지 단계적으로 학습하게 된다.

영아들이 '나 스스로 할 수 있도록 나를 도와주세요.'라는 외침은 나는 늘 부모의 안내와 지도를 필요로 하는 약한 존재만도 아니고 부모는 항상 내 안내자만이 아니라고 말하는 무언의 소리를 듣게 되는 경험을 하게 될 것이다.

부모들은 자녀들을 항상 의지가 강한 자녀와 반대로 의지가 약한 자녀로 나누어 양육하면서 부모의 말에 아랑곳하지 않는 자녀, 말을 듣지 않고 제멋대로 하는 자녀, 종종 신경질적이고 짜증내는 자녀들과의 힘겨루기 싸움을 스스로 경험한다. 자녀들의 이러한 행위 가운데 어떤 것들은 자녀 자신들이 누구이며 자기가 무엇을 할 수 있는가를 발견하기 위해 탐구하고 실험하는 것이기 때문에 그 시기의 발달 단계상 적절할 뿐만이 아니라 그 연령에도 적절한 행동이다.

다른 측면에서 부모-자녀 사이의 힘겨루기들 중 많은 경우는 단순한 파워투쟁이나 게임으로 마무리하는 경우도 있을 것이다. 때때로 부모들은 자녀들의 내재적 힘을 유용한 방식으로 발달시킬 수 있도록 협력해 주는 대신 자녀의 내재적 힘을 빼앗아가 버리는 경향도 있기 때문이다.

부모들은 0~3세 미만의 자녀들의 문제해결을 도우며 삶에 필요한 기술들을 학습하고 다른 사람들을 존경하며 그들과 협동을 할 수 있을 능력을 가진 충분한 연령이 될 때까지 자신의 힘을 긍정적인 방향으로 전환시키는 방법이 필요하다. 다시 말하자면 다정하고 안정된 방법으로 정신을 분산시키는 것, 방향을 전환시키는 방법을 배우는 것은 우선적으로 부모가 해야 할 중요한 일이다. 결과적으로 애정이 담긴 훈육방법이 자녀들에게 중요한 가르침이 될 것이다.

❹ 사회적 기술과 삶의 기술을 익히도록 도와주어야 한다.

부모는 자녀가 교사들과 다른 친구들 사이에서 어떻게 사회적 관계를 맺는지, 잘 어울리는지, 어떻게 혼자서 잠이 드는지, 어떻게 혼자 먹는지, 옷을 입고 벗는지, 일상생활의 규칙과 질서를 지키는지에 대한 기술들을 가르치는데 자녀들을 양육하는 시간의 대부분을 할애하게 된다.

영아기와 유아기에 사회적 기술과 실질적인 삶의 기술에 대한 필요성을 가르치는 일은 매우 중요하다. 어린이들을 위한 사회적 기술에 필요한 요소로 자기의 장점을 강화하는 방법, 즉 다른 친구들과의 사이좋은 관계를 유지하는 일, 자기감정을 조절하는 능력, 다른 친구들을 존중하기, 타인을 배려하기, 교실에서 서로 협력하기, 친구들 돕기 등을 통해서 사회적 기술을 발전시킬 수 있다.

자녀들을 위한 삶의 기술은 일상적인 생활을 통해서 순간순간 정해진 규칙을 실천하기, 분명한 제한점을 정하기, 질서를 유지하기, 정서 표현하기 등을 훈련하는 것이다.

자녀들이 더 많은 능력을 갖추어 성장하면서 삶의 일상적 순간들을 어떻게 하면 더 유능하고 능력 있는 사람이 될 수 있을지 가르치는 데 함께 사용할 수 있다. 부모들이 삶의 기술을 훈련하기 위해서 함께 하는 것이 때로 혼란스러울 수 있지만, 협력이란 자녀를 양육하는 데 있어서 즐겁고 가치 있으며 필요한 부분이다.

4. 자녀들과 협력하는 방법들

부모들은 자녀들이 반드시 알아야 할 필요가 있는 모든 것을 배우는 데 어떤 도구나 사고들이 도움이 될 것인가?에 대한 이해가 필요하다.

만약 부모들이 훈육방법에서 자녀들에게 사용하는 벌칙이 도움이 된다면 혹은 안 된다면 어떤 것이 도움이 될까? 부모들은 종종 이러한 문제에 접하게 된다. 이유는 자녀의 영아기 개별적 발달은 생애에 미치는 영향력이 필수적이기 때문이다.

알비 콘은 구성주의 이론의 외적 요인 없이 협력적으로 학습을 성공적으로 이끌어 낼 수 있는 협력방법을 3가지 제시한다(Kohn, A., 1992; 이영노 역, 2009).

관리 : 어린이들이 항상 누군가로부터 지시, 명령, 안내만 받는다면 자기 스스로 작업을 관리하고 생각할 수 있는 방법을 알지 못한다. 반대로 스스로 선택하고 관리하며 생각하여 자기 방식대로 진행한다면, 훨씬 작업에 대한 애착과 흥미 그리고 관심을 가지게 될 것이다.

콘(Kohn)의 이론에 의하면 스스로 관리한다는 것은 어린이들이 작업할 내용, 필요한 재료, 작업의 하루 양, 작업에 필요한 역할 분담, 정보 수집을 스스로 관리함으로써 선택한 작업에 몰입할 수 있고 내적 동기 유발을 이끌어 내어 작업을 성공적으로 진행할 수 있다. 즉, 스스로 관리하면서 작업의 성공률과 집중력을 높이는 것이다(Kohn, A., 1992; 이영노 역, 2009). 콘의 관리 이론을 부모들이 적극적으로 활용할 수 있다.

교육과정 : 어린이들을 위한 교육과정은 그들의 본능적인 호기심을 자극하여 어렵지도, 쉽지도 않은 싫증을 내지 않도록 하고 어린이들을 자연스럽게 배움 속, 작업 속으로 이끌어 들일 수 있다. 몬테소리 교실에서 이미 세팅되어 있는 영역별 교육과정을 자유롭게 선택하여 공동작업, 소·대그룹 작업을 한다면 공동체에 대한 경험으로 서로 협력관계를 경험하게 된다.

협력관계를 학습과정과 연계하기 : 만약에 어린이들이 교실에서 프로젝트로 작업을 진행한다면, 이미 교과과정 속에서 협력관계를 유지하면서 자기 역할을 수행하는 것이다. 콘은 교육기관이 '싸구려 지식 마켓'이 되어서는 안 된다라고 역설한다(Kohn, A., 1992; 이영노 역, 2009).

이러한 모든 협력관계는 단지 작업이나 학습에만 관계되는 것이 아니라 인간 삶의 기본적인 요소로서도 중요하다.

현재 전 세계는 교육뿐만이 아니라 공동체의 힘, 글로벌의 힘에 의존하고 있다. 몬테소리 교실에서는 이미 어린이들의 공동체 생활, 작업, 교실 운영을 권장하고 있다.

콘(Kohn)은 공동체의 가치를 상호 의존적인 삶의 방식이 자연스럽게 일어난다고 한다(Kohn, A., 1992; 이영노 역, 2009). 공동체에서 협력관계는 모든 것을 변화시킬 수 있다. 미국에서 실시한 프로젝트 수업으로 '어린이 개발 프로젝트'는 모든 어린이들이 공동으로 모으고 스스로 책임감을 부여하며 모든 문제점을 공유하는 방법으로 교실에서 실외로 전환할 수 있는 방법이다.

부모들은 자녀들이 반드시 알아야 할 필요가 있는 모든 것을 배우는데 어떤 도구나 사고들이 도움이 될 것인가? 에 대한 생각을 하여야 한다. 긍정적 훈육방법을 설명하는 넬슨은 부모들이 자녀들을 긍정적으로 훈육을 실천할 수 있는 8가지 방법들을 제시하였다(Hart, S., & Hodson, V. K., 2006).

① 하루 일과 정하기에 참여시키기, 선택할 기회를 주기, 도울 수 있는 기회를 제공할 수 있도록 자녀들을 참여시키기
② 스스로 상대를 존중함으로써 존중하는 방법을 가르치기
③ 하루를 즐겁게 생활할 수 있는 유모감각을 자주 활용할 것
④ 부모 스스로 자녀의 세계로 들어가서 그들의 눈높이에 따르기
⑤ 행동으로 옮길 수 있는 것만을 말하고 친절하며 단호한 행동으로 실행하기
⑥ 인내심을 키우기
⑦ 지켜보고 관찰하며 분산시키고 방향전환을 하기
⑧ 자녀의 개성을 받아들여 수용하기 등

자녀를 긍정적인 방법으로 훈육한다는 것은 자녀의 전체적인 특성을 관찰하고 자녀에게 필요한 것을 제공할 수 있는 환경을 준비해주는 것이 필요하다.

❶ 자녀들을 일상생활에 참여시키기

신생아들은 태어나는 순간부터 모든 것을 부모에게 의존한다. 그러나 양육자들이 알아야 할 사항은 신생아는 성장하면서 얼마나 빠

른 속도로 자신만의 목소리와 독특한 인격체를 형성하는지에 대한 놀라움과 경이로움을 느끼게 될 것이다. 자녀들에게 무엇·어떤 것을 해 주어야 할 것인가를 생각하기 이전에 일상생활에서 필요한 삶의 방법을 제공해 주고 자녀가 스스로 생각하고 느끼는 것을 표현하며 실천하도록 참여시키는 일이 중요하다. 어린이들이 생각하는 '무엇을' 그리고 '어떻게'라는 의문들은 자기들의 내적 욕구를 드러내기 위한 한 방법이 된다(Hart, S., & Hodson, V. K., 2006).

예를 들어서 자녀에게 사람들이 많이 걸어 다니는 보행길에서 세발자전거를 타고 빨리 지나간다면, 다른 사람들에게 어떤 영향력을 줄 것인가?"라고 물어 볼 수 있다. 혹은 "자녀를 안전하게 돌보려면 어떻게 준비해야 하는가?"

교육의 어원학적 근거는 라틴어의 'educare'에서 유래한다. 무지의 세계에서 이끌어 낸다는 의미를 가지고 있다. 부모들은 자녀들에게 자기들이 원하는 것을 지속적으로 요구하고 이야기하며 설교처럼 말을 함으로써 무엇인가를 채워 넣으려 할 때, 자녀들은 부모를 외면하고 듣지 않으려고 한다.

만약 아직 말을 할 수 없는 영아들을 양육한다면 그들에게 말을 하는 대신 다정하고 단호하게 "다음에 우리는 _____이렇게 하자." 라고 말해 줄 수 있다. 부모가 허용할 수 있는 정도로 제한과 통제를 하여야 하지만, 자녀들에게 항상 선택의 기회를 주어야 한다는 점을 잊지 말고 기억하여야 한다.

선택의 기회가 주어진 어린이들은 개인적 파워, 독립심, 자율성에 대한 건강한 생각을 경험하게 될 것이다.

❷ 하루 일과 정하기

영아들은 반복활동과 일관성을 통해 훌륭하게 학습하게 된다. 부모들은 자녀들이 신뢰할 수 있도록 하루 일과를 규칙적으로 정함으로써 자율성과 독립심에 대한 전환기를 훨씬 쉬운 방법으로 터득하게 된다. 영아들은 매일매일 반복해서 일어나는 모든 사건들과 준비된 환경 속에서 모든 것을 배운다. 아침에 일어나는 시간, 저녁에 잠자는 시간, 저녁 먹는 시간, 실외에서 놀이하는 시간, 부모와 함께 산책하는 시간 등을 일정하게 지키면서 자녀들에게 "자, 이제 우리가 ~할 시간이야."라고 확실하게 말 할 수 있다(Hart, S., & Hodson, V. K., 2006).

영아기를 거쳐 유아가 되면, 부모님은 하루 일과를 계획하는 데 적극적으로 유아를 참여시키는 방법은 바람직하고 민주적이다. 어린이는 점점 성장해 갈수록 자신의 일과에서 다음 번에 해야 할 일에 대해 말하는 것을 기대감과 함께 아주 좋아하고 즐거워할 수 있다. 자녀들에게 일상생활 계획표들은 단순히 일상적으로 할 일들을 위한 지침표로서 일과 사건을 기입한 것이다. 어린이들은 하루 일과 계획서를 통해서 규칙적이고 질서 있는 생활을 학습하게 된다.

❸ 자녀들에게 선택할 기회를 주기

어린이 스스로 선택할 수 있다는 것은, 그들에게 의지력과 내적 힘을 느낄 수 있는 기회를 제공하는 것이다. 자녀들은 여러 가지 작업 중에서 하나 또는 다른 하나의 가능성을 선택할 수 있는 능력과 기회를 제공 받게 된다. 어린이들의 자유 선택들은 다른 측면에서 어린이가 무엇·어떤 것을 선택할까 생각하는 과정에서 자신이 생각하는 데 필요하고 사용되는 기술들을 이용할 수 있도록 제공한다.

물론 걸음마기 영아들은 자기가 선택한 것들이 어떤 것을 돕는 기회를 만들어 줄 때 내적 즐거움과 만족감을 느낀다(Hart, S., & Hodson, V. K., 2006).

예를 들어 원에서 집으로 돌아 왔을 때 가방은 어디에 놓으며 옷은 어디에 걸어 놓고 쥬스를 마실까?, 밥을 먹을까? 등을 자녀 스스로 결정하도록 돕는 것은 그들 삶의 방식을 가르치는 행위이다.

부모가 자녀에게 "너 스스로 결정해."라고 기회를 제공하는 것은 자녀들의 감각훈련과 능력 그리고 판단력을 훈련시킨다. 어린이들이 결정하여 선택한 것은 그들의 발달과정에 적합성은 물론 자기가 편하고 좋아하는 것을 선택한 것이기 때문에 부모가 격려해 주고 용기를 주며 훌륭한 선택이라는 확신을 주어야 한다.

❹ 협력하고 도움을 줄 수 있는 기회를 제공하기

걸음마를 배우는 시기의 영아들은 종종 차에 타라는 명령에는 저항감을 가진다. 이때 부모가 간절하게 난 너의 도움이 절대적으로 필요해, 나를 위해 차 열쇠를 좀 들어줄 수 있니?"라고 도움을 요청한다면 신나고 즐거운 마음으로 반응한다(Hart, S., & Hodson, V. K., 2006).

어떤 상황에서 쉽게 힘으로 투쟁하거나 반항 아닌 반항을 하는 행동으로 이어질 수 있지만, 부모들의 순간적인 직관력과 창조력을 활용하고 제시할 경우 웃음과 친밀한 상호작용을 할 수 있는 기회가 될 수 있다.

❺ 부모 스스로 자녀를 존중함으로써 존중하는 것을 가르치기

우리들의 일반적인 생각은 어린이가 어른을 존경해야 된다는 개념에서 벗어나지 못한다. 어른들은 어린이들을 존경해야 한다는 것에 아직 익숙하지 못하다(Hart, S., & Hodson, V. K., 2006).

어린이들은 어른들이 자신들에게 존경하는 행동을 직접 보고 경험함으로써 존경을 배우게 된다. 그러므로 어린이에게 무엇이든 어떤 것이든 부탁할 때 어린이를 존중하고 있다는 태도를 보여 주어야 한다. 어린이가 무언가를 아주 열심히 작업에 몰입하고 있을 때, 부모는 어린이를 방해하면서 부모가 시키고 원하는 무언인가를 '즉각' 할 것이라고 기대한다. 어린이들에게 수치심과 부끄러움 그리고 굴욕감을 주는 행위는 상대의 인격 형성에 장애가 되어 존중하는 방법에 방해를 받았기 때문에 무례한 행동을 할 것이다. 일반적으로 무례하게 대우받은 경험을 가진 어린이는 자기가 경험한 무례함을 되돌려줄 가능성이 있다. 즉, 부모의 무례한 행동을 모방하면서 자녀도 부모를 무례하게 대할 가능성이 있다. 자녀들의 인격, 부모 자신의 인격은 어떤 특별한 상황에서 필요한 것들을 존중하는 태도로 나타낸다.

5. 부모들이 자녀들의 세계로 들어가기

부모와 교사들이 걸음마기의 영아를 양육하고 있다면, 발달과정에서 일어나는 영아들의 한계짐을 이해해야 한다. 영아들의 생애 첫 3년 동안은 모든 일이 부모의 역할과 책임이기 때문에 매우 중요한 시기다.

예를 들어서 영아가 울고 불쾌감을 표현할 때 어떤 방법으로든 불쾌정서를 해소해 주어야 한다. 영아의 입장과 눈높이에서 불편해 하는 상황을 이해하여야 한다. 영아는 단지 모든 것을 실행할 능력이 발달하지 않았기 때문에 좌절하고 있을 수도 있다. 영아의 감정을 이입하는 방법은 모든 해결책이나 긴급한 구조를 의미하는 것은 아니지만, 영아에 대한 관찰과 이해를 의미한다(Hart, S., & Hodson, V. K., 2006).

만약 영아가 어린이집에서 자기 집으로 가야 하는데 영아는 아랑곳 하지 않고 집에 갈 생각조차 않으면서 집에 갈 준비가 전혀 안 되었다면, 영아를 안아주면서 여러 가지 말로 집에 가야 된다는 것을 이해시키고 시도해 볼 수 있다. 영아를 껴안고 앉아서 "지금 정말 집에 가기 싫어! 엄마는 네가 여기에 친구들과 좀 더 머물고 싶어하는 걸 알고 있거든. 하지만 이젠 가야 할 시간이야. 집에서 아빠가 기다리고 있거든." 그런 다음 영아를 꼭 안아주고 영아가 다음 행동으로 옮겨가기 전에 자신의 감정을 변화시키는 경험을 할 수 있도록 허락한다. 즉, 영아는 엄마가 자신의 의사에 반해 단호하게 나왔을 때 일어나는 감정들을 스스로 음미하고 느낄 수 있도록 기회를 주도록 한다. 이런 경우 자녀를 자기가 원하는 대로 어린이집에 더 머물 수 있도록 허락한다면 영아는 자기가 원하는 대로 이루어졌기 때문에 영아 자신이 통제와 조절 그리고 원하는 것을 다 할 수 없다는 경험을 배울 수 있는 기회를 갖지 못한다.

부모가 자녀의 세계로 들어간다는 것은 자녀와 하나가 되어 자녀의 관점에서 세상을 바라볼 수 있으면, 자녀의 능력과 한계들을 인정하고 확실하게 이해함을 의미한다. 부모들은 다음과 같은 어린이들의 세상을 이해할 수 있어야 한다.

- 어린이는 행동으로 세상을 배운다.
- 능력 또는 기술 부족 때문에 일어나는 어린이의 짜증이 잘못된 행동으로 보일 수 있다. 이러한 행동은 어린이들의 본능을 표

현한 것이다

- 탐구하고 실험하려는 어린이의 발달 욕구가 잘못된 행동으로 보일 수 있다.
- 영아들이 의도적으로 잘못 행동하는 경우는 드물다.
- 어린이의 출생 순서가 어떻게 세상을 보는가에 영향을 준다.
- 어린이 몸의 크기와 능력이 모든 행동에 큰 영향을 미칠 수 있다.
- 현실과 환상에 대한 어린이의 생각은 성인들과는 다르다.
- 인내는 대부분의 영아들 세계를 넘어서 있는 덕목이다.
- 영아들의 감정표현은 단순하다
- 어린이들은 각자 다른 개성을 가지고 태어난다.

교육자인 부모도 자신에 대해서 숙고할 수 있어야 할 뿐만 아니라 스스로에게 질문을 던질 수 있어야 한다. 만약에 자신이 자녀의 입장이라면 어떻게 느낄지? 자녀의 입장에서 자녀의 눈으로 세상을 바라본다는 것은 또 다른 새로움을 깨달을 수 있다.

❶ 행동으로 옮길 것만을 말하고 친절하며 단호한 행동으로 실행하기

대부분의 자녀들은 부모들이 진심으로 말하고 있는지 그렇지 않은지를 감각적으로 민감하게 느낀다. 부모들은 자녀들에게 진심으로 전달하고 싶은 말이 아니라면 또는 어떠한 말이든 상대방에 대해 존중감 없이 말한다면, 부모로서, 성인으로서, 교사로서 품위 있고 존경하는 자세로 부모의 말을 따르도록 만들지 못한다면 어떤 말도 하지 않는 것이 최선의 방법이 될 수 있다(Hart, S., & Hodson, V. K., 2006).

자녀들이 말을 통해서 이해하고 신뢰심을 가지지 못한다면 부모들은 말을 적게 할수록 더 효과적이다. 다시 말하자면 어린이의 관심을 다른 곳으로 전향시키든지 어린이에게 부모가 할 수 있는 다른 어떤 것을 제공해 주는 것이 더 많은 관심과 의미를 줄 수 있다.

어린이들에게 불필요한 언어와 말은 어린이들이 할 수 없는 방향으로 밀어내는 결과를 초래할 수 있다. 어린이들에게 할 수 없는 것 때문에 스트레스를 주는 것보다는 그들이 할 수 있는 무엇·어떤 것을 제공하는 것이 훨씬 효과적이다.

❷ 인내심을 키우기

부모들은 자녀들이 이해하지도 못한 상태에서 계속적으로 보다 많은 것들을 '원하면서 더 많이, 더 많이'를 강요하며 가르치려고 한다(Hart, S., & Hodson, V. K., 2006). 예를 들어 자녀들에게 자신의 것을 다른 친구들과 공유하도록 가르치기를 원할 때 자녀가 공유한다는 의미와 개념을 완전히 이해했다고 예상하지만, 사실은 이해하지 못하는 경우가 많다. 대부분의 어린이들은 자기 것을 다른 친구와 공유하는 것을 좋아하지 않는다. 영아기는 아직 자기중심적이기 때문에 내 것에 대한 강한 개념을 가지고 있다.

어린이들이 친구들과 교구를 같이 가지고 작업하는 것을 거부하는 데도 계속적으로 강요할 때는 어린이에게 어느 정도 납득하고 수용할 수 있는 시간을 제공하여야 한다. 지금 즉시 어린이들이 공유라는 개념에 대해서 납득하지 못한다고 해서 단순하게 발달상 어린이가 이기적인 성향을 가지고 있다는 증거가 될 수 없기 때문이다. 대부분의 어린이들은 또래 친구들과 자신의 장난감을 공유하기를 원치 않는다.

❸ 지켜보고 분산시키며 방향전환 해 보기

자녀들에게 필요한 것은 많은 말보다 행동으로 보여주는 것이 효과적이다. 즉, 말을 줄이고 행동으로 보여주는 것이다. 부모들은 자녀들에게 수백 가지의 언어와 말로 표현하는 것보다 정확하게 직접 행동으로 보여주라고 말한다(Hart, S., & Hodson, V. K., 2006).

부모들은 자녀의 손을 잡고 그들이 가는 곳으로 조용히 따라 가면서 인도해 주어야 한다. 몬테소리는 "어린이를 따르십시오."라고 말한다. 어린이가 할 수 없는 것 대신에 어린이가 잘할 수 있는 것을 보여주는 것이 더 중요한 모델이 된다. 자녀들에게 할 수 있다는 의지력과 자부심을 주어야 한다. 예를 들어서 꽃을 꺾지 말라고 말하는 것보다 꽃을 아름답다고 말하면서 만져주는 행동으로 보여 주어야 한다.

어린이들은 반드시 하고 싶은 욕구가 일어남에도 불구하고 부모는 "정원에 들어가면 안 돼, 잔디를 밟으면 안 돼!"라는 어른들의 방식대로 "안 돼!"라는 말은 어린이들 입장에서는 이해하기 어려운 경우가 많다. 부모들은 긍정적인 규율을 지키기 위한 어떠한 방법이나 지시 혹은 정신을 분산시키는 말들을 사용하는 이유를 이해시킬 수 있어야 한다.

❹ 자녀의 특성을 수용하기

어린이들은 각자가 다른 방법으로 발달되며, 그 성장과정이 개개인마다 다르다는 것을 알아야 한다. 어린이들의 차이점을 수용하는 것이 창의적으로 지도할 수 있는 방법이다(Hart, S., & Hodson, V. K., 2006). 부모들이 줄 수 없는 것을 어린이들에게 요구하거나 기대하는 것은 어린이들 모두를 좌절시키는 일이다. 어떤 어린이는 식당에서 몇 시간 동안 조용히 앉아 있을 수 있는 반면에 어떤 어린이는 단 몇 분이 지나지 못해 몸을 이리저리 비틀면서 초조해 하고 불안해 할지 모른다.

부모들은 자기 자녀의 모든 행동을 이해하는 유능한 안내자로서 자녀들이 하는 행동을 보다 쉽게 배우게 하기 위한 가장 훌륭한 방법을 선택하여 자녀들을 도와주어야 한다는 생각에 쉽게 동의할 것이다. 한편 부모들은 관찰자 입장에서 자녀들을 독특한 인격체로서, 과연 누구인지에 대해 배워가는 과정을 지켜볼 수 있다. 부모는 자신의 능력으로 자녀를 절대로 과소평가하지 말아야 한다. 부모로서 자녀들에게 새로운 기회와 활동을 소개하면서 그들의 행동을 주의 깊게 관찰하여야 한다. 자녀들이 무엇·어떤 것에 관심을 갖고 있는지 관찰하고, 그들이 할 수 있는 것이 무엇이며, 그들이 무엇인가를 배우려고 할 때 부모로부터 필요로 하는 도움이 무엇인지에 관심을 가져야 한다. 자녀들의 관심 내용이 무엇인지 알아야 한다.

6. 어린이들이 스스로 창조하는 자기 구성

몬테소리가 어린이들에게 교구를 가지고 제시한 작업들은 아주 정확하고 정밀한 동시에 과학적 근거와 기초를 가지고 있다. 어린이들은 제시된 교구 중에서 어떤 것을 선택했을 때 교구활동을 지속적으로 반복한다. 교구에 몰입된 어린이들은 조용해지고 행복감을 마음껏 드러낸다. 집중력을 요구하는 제시가 끝난 다음 어린이가 제시한 교구와 함께 열심히 작업할 때 그 전보다 더 평안하고 안정된 것처럼 보인다.

부모는 자녀가 교구를 가지고 작업하기를 원한다면 교구들을 미리 준비하여야만 한다. 부모는 일반적으로 행하는 지배형이나 권위의식을 협력관계로 변화시켜 자녀와의 협력관계가 가장 훌륭한 교육방법임을 알아야 한다.

부모가 자녀들에게 교구들을 제공하여 그들이 자유 선택을 할 수 있는 기회를 제공하고 동의를 구할 때 교육적인 효과를 더 효율적으로 얻어낼 수 있다. 어린이들이 작업을 사랑하고 집중할 때 긍정적인 격려를 주고받을 수 있다. 부모들은 자유롭게 작업에 집중하는 자녀, 모든 에너지를 집중하여 작업에 몰입하는 자녀, 자녀가 숨을 쉴 때나, 아플 때조차 무엇인가 환경에서 탐색하고 작업을 원하는 자녀의 감동적인 행동에 열렬한 격려와 만족감을 표현하는 것이 중요하다.

어린이들은 서로 친한 친구가 되기를 원하고 서로 돕기를 좋아한다. 어린이들은 좋은 느낌과 좋은 감정을 원한다. 어린이들의 좋은 느낌, 좋은 감정은 좋은 관계로 발전하면서 사회화 과정을 긍정적으로 이끌어 간다. 어린이들은 인지를 발달시키려 노력하고 집중할 때 착한 목자처럼 조용하며 자기 만족감을 성취한 다음 더 이상 욕심부리지 않고 정서적으로 안정된 상태에서 평화로워진다(조성자, 2012).

가정에서 어린이들이 목적의식을 가지고 작업을 성공적으로 완성을 한다면, 내적 만족감과 행복감을 만끽할 것이다. 다른 한편으로 부모나 교사의 권위로 힘없는 자녀들이 명령과 지배적인 장애물을 접하게 된다면, 어린이를 양육하는 부모나 교사는 그들의 내재적 동기, 내적 안내를 구성하려는 열정을 방해하는 철저한 방해자가 되기도 한다.

부모-자녀 사이에 갈등이 일어나면 어린이는 저항자, 반역자, 심술꾸러기로 돌변할 수 있다. 갈등 상황이 벌어지면 어린이는 서서히 자신의 마음과 정신의 움직임을 연결시키려는 자발적인 활동이 이루어지지 않는다.

어린이에게 잠재해 있는 거대하고 엄청난 지적 에너지는 자신의 의지적 활동, 다양한 형태의 활동, 상호작용과 연결되어 모든 행동을 안내하고 있기 때문에 절대적으로 필요하다. 어린이들은 의지적인 활동을 통해 지적인 행동을 발달시킨다.

어린이들의 방대한 지적 에너지는 자신의 의지대로 근육을 움직이는 활동과 더불어 나타나게 된다. 만약 어린이가 의지력에 의해서 상상력과 창조 작업을 이끌어갈 수 있는 인지를 발달시키는데 성공하지 못한다면, 인지 발달을 위한 세계에서 방황하게 되어 일탈활동을 하게 된다(조성자, 2012).

어린이들의 자유로운 움직임으로 근육 발달을 촉진하고 조직화되어져야 하는데 그렇지 못하면 무질서하게 조직된다. 또래 친구들과 활동하고 하나로 통합되는 것을 의미하는 인지적 활동과 의지적 활동이 중단되어 고립된 채로 머무른다. 어린이들의 마음과 활동은 목적 없이 하나의 사고에서 다른 사고로 발달하는 과정에서 아주 무질서한 방법으로 혼란스럽게 시작할 것이다.

의지적으로 움직이지 않는 근육을 의지적으로 움직이도록 환경을 제공해 주어야 한다. 어린이가 모든 것을 움켜잡고 물건들을 던지며 무질서한 행동과 시끄럽게 떠드는 것은 일반적인 일이이기 때문에 어린이들의 활동을 정지하거나 주의와 관심을 고정시킬 수 없을 경우, 어린이들은 더 이상 집중할 수 없다. 어린이의 마음은 방황하고 무질서한 방향으로 움직여서 어린이들을 통제하기는 어렵다.

인격 발달을 완성하도록 요구하는 작업, 마음의 집중을 요하는 작업, 목적과 자기 작업을 진행하는 데 흥미 있는 작업, 이런 주어진 상황들은 누군가의 도움없이 불가능하다. 조화롭고 구조적인 환경, 의지 없이는 작업할 수는 없다. 준비되지 않은 환경 속에서 어린이들이 작업하기는 불가능하다.

육체적·정신적 발달을 위한 모든 감각들은 등대처럼 어린이들의 삶을 안내해 주며, 매일매일 어린이들은 물리적 환경과 더불어 감각을 연습한다. 어린이들의 즐거운 활동은 그들을 정상화로 이끌어주는 수레 역할을 한다.

어린이들은 어떻게 혼란스러운 환경 속에서 질서를 찾을 수 있을까? 준비되지 않는 환경 속에서 스스로 인지 발달을 위한 자극을 받을 수 없다. 아직 발달하지 않은 대소근육을 발달시키기 위해서 근육이 필요로 하는 활동을 하여야 한다. 어린이들은 근육활동을 통해서 자연적으로 삶이 풍요롭게 구성되어진다.

어린이들의 본능은 완전하고 정확하게 발달하지 않았기 때문에 긴 시간의 교육과정을 필요로 한다. 어린이들은 스스로 자신의 행동을 구성해 가야만 한다. 즉, 어린이는 단계적으로 인지 발달과 활동적인 의지력을 실천으로 옮겨 가야만 한다. 어린이들은 옮겨 갈 수 있는 창조적 능력을 소유하고 있다.

어린이들에게 자기 구성은 지적인 안내를 통해서만 일어나는 것이 아닌 운동과 움직임으로도 이루어진다고 한다면, 자신들이 할 수 있고 움직일 수 있는 근육들을 최선을 다해서 움직이도록 노력해야 하는 과제가 된다. 어린이들이 의지적으로 근육을 움직이도록 인내할 때 항상 지능에 의해 안내되어지는 것만은 아니다.

어린이의 의도와 다르게 의지력에 의해 넓은 공간을 돌아다니지 않는다. 어린이의 운동하는 손은 인지 발달을 위한 최고의 기관으로 감각을 발달시킬 수 있는 최상의 통로이다. 어린이들은 모든 사물을 감각적으로 듣고, 만지고, 보고, 냄새를 맡는다(조성자, 2012).

어떤 목적도 없이, 의미도 없이 모든 것을 잡기 원하는 어린이의 활동은 때로는 위험이 도사리고 있다. 부모들이 어린이들의 무질서한 활동을 저지하는 모든 것은 자녀들의 안전을 위한 행동이다. 어린이의 무질서한 움직임이 부모의 생각과 의지로 모두 수용되지는 않는다. 어린이의 움직임이 부모의 의지에 복종하는 상황이 벌어지는데, 이러한 상황에서 어린이의 마음에 무엇·어떤 일이 일어나고 있을까? 만약 부모로부터 자녀가 근육활동을 방해받는다면 의지적으로 발달시켜야 하는 인지 발달이 지연될 것이고, 어떤 것을 생각하는 상상력이 사라질 것이고 무엇·어떤 것에서 다른 것으로 옮겨가는 과정에서 목적 없이 방황하게 된다.

부모들은 자녀들의 방황하는 마음을 느낄 수 없고 중단할 수도 없으며 숙련자가 될 수도 없고 움직이지 못하는 고체로 만들 수 있다. 부모들이 자녀의 움직이는 근육을 조절할 수 있는 것처럼 부모는 어린이의 마음을 조절할 수 있다. 아마 자녀들은 모든 교육을 부모가 끊임없이 조절하고 움직임과 활동을 안내하여 구성되는 것이라고 생각하고 설득당하여 무기력한 존재로 살아가게 될 것이다.

어린이들을 위한 교육은 일상생활 습관과 예의범절로 구성되어 있다. 어린이들은 자기 나름대로 옳다고 생각되면 복종하며 부모들은 자녀들의 행동 하나하나를 가르쳐야 한다. 부모들은 어린이의 마음을 혼란스럽게 만드는 경우가 있는데, 이는 부모가 자녀를 자기의 분신 내지는 자기에게 종속된 일부분으로 생각하기 때문이다.

부모는 어린이의 마음을 완전히 인지하고 있지 않기 때문에 어려운 작업을 하라고 요구할 수도 있지만, 어린이가 해야 하는 것은 스스로 작업에 복종하는 것이다. 부모는 자녀 스스로 어떤 일을 할 수 없기 때문에 자녀를 위해 모든 것을 제공하며 자녀가 할 수 있는 작업을 위해서 언제든지 적극적인 방법을 안내하고 환경을 제공해 주어야 한다.

어린이들은 불완전한 마음의 그림을 가지고 있다. 어린이들은 자기에게 주어진 작은 양의 자유를 가지고 사랑하는 부모에게 의지하면서 자기 엄마, 아빠, 형제 그리고 환경에 많은 애착을 갖는다. 어린이는 모든 것이 두렵고 특히 자기 혼자일 때 더욱 두려움을 느낀다.

부모가 자녀를 보살피는 태도는 끊임없이 계속되어야 할 필요가 있다. 부모가 자유롭고 단순하게 내버려 둔 방관된 상태의 자녀는 무질서하고 자녀가 할 수 있는 모든 것으로부터 방해를 받는다. 자녀를 위한 방임과 무관심은 치료도 아니고 자유도 아니며 자녀를 방임한다는 것은 자녀의 인격 발달을 왜곡시킬 수 있다는 이야기와 같다.

만약 부모가 자녀를 자유롭게 내버려 두고, 무질서하게 놓아둔다면 훌륭한 부모가 자녀에게 제공하는 다양한 도움으로 보살펴야 할 자신의 권리를 포기하는 것과 같다.

부모들이 자녀로부터 무조건적인 복종을 얻어내는 것은 대단히 어렵다. 부모들은 자녀로부터 복종을 얻기 위해 폭력을 사용하고 필요하면 인내심 없이 벌하며 위협하는 일이 종종 발생하지만, 중요한 문제는 영아 자신의 인격 완성을 자연적·자발적으로 발달할 수 없다는 사실이다. 부모들이 관심을 가져야 할 것은 자녀들의 무질서한 행동, 불안정한 정서 상태, 방황하는 마음, 인지 발달과 지적능력을 불러들여서 준비된 환경 속에 있는 외부 세계의 모든 교구와 상호작용을 할 수 있도록 도와주어야 한다. 예를 들면 새가 둥지에서 멀리 날아가 버린 새끼 새를 불러들이기 위해 둥지 안에 자연적인 재료를 넣어주고 둥지를 안전하고 편안하게 활동할 수 있도록 만들어주는 것처럼 어린이들의 발달에 필요한 것을 제공해 주어야 한다.

어린이들, 모든 인간들은 우주적 사명감을 완성하기 위한 의무감이 주어진다. 우리들은 우주에서 각자에게 주어진 사명감과 역할을 수행할 의무감이 있다. 어린이들은 지능과 의지력을 자신의 사고과정에서 내적으로 안내해야 할 세련된 기술과 지혜가 필요하다. 어린이가 인격을 형성하는 것은 무엇다도 중요한 문제이기 때문에 부모들의 교육적 임무는 정서적으로 안정되어 자녀의 발달 단계에 맞는 교구를 제공해 주어 내재적 동기 부여를 할 수 있어야 한다.

어린이는 마치 오랫동안 요구했던 것처럼 열정을 가지고 교구에 집중하며, 때로는 자기 자신을 망각하고 교구가 마치 자신의 삶이나 일상적인 것처럼 자신의 집중력과 인격 형성을 자발적으로 완성해 간다. 이러한 현상은 오랫동안 병상에 누워있던 환자가 완쾌되어 건강을 되찾기 시작하는 것과 같다. 어린이들은 교구와 함께 있을 때 완전한 즐거움을 나타내기 시작하고 자신의 에너지가 활성화되는 것을 느끼기 시작한다. 어린이는 작업을 통해 정상화로 진화한다.

어린이의 즐거움은 작업이 끝난 후 어린이의 표정에서 정확하게 표현된다. 작업으로 얻어지는 즐거움과 만족감을 경험한 어린이는 자신의 성격을 형성할 수 있는 또 다른 작업의 연속선상에 놓이게 된다. 작업을 즐기는 어린이는 항상 정상화로 진화하는 선상에 있다. 특히, 부모는 부모-자녀 관계에서 어린이들의 내재적 동기를 이끌어 낼 수 있는 심리적 교육자가 되어야 한다.

가정 안에서 자녀교육

Chapter 4

1. 자녀들의 행동을 안내하는 부모

어린이들을 안내한다는 것은 단지 그들이 원하는 곳으로 가고 원하는 것을 하도록 안내하는 것이 아니라 그들을 정확하게 관찰하고 그들의 세계 속으로 들어간다는 것을 의미한다.

❶ 부모들은 자녀들이 잘못했을 때 혹은 실수했을 때 용서하고 너그러운 태도로 수용하는 환경을 만들어 주어야 한다.

만약 자녀들의 잘못을 꾸짖거나 화내는 것이 통제되고 조절된다면 생활 속에서 실수를 통한 새로운 배움으로부터 제외되는 것이며, 모든 어린이들은 새로운 지식과 기술을 배우기 위한 연습과 반복적인 훈련을 필요로 한다. 부모들이 자녀의 실수를 너그럽게 수용해야 하는 더욱더 중요한 이유 중에 하나는 부모들이 자녀를 진심으로 사랑하고 가르치고 있다는 것을 깨닫도록 인식시키는 것이다. 부모들의 자녀에 대한 사랑은 어떤·무엇에 관한 일을 성취하는 행동에 얽매어 있지 않다. 부모들의 태도는 자녀들에게 자부심과 안도감을 준다. 부모와 자녀의 눈 맞춤, 미소, 포옹은 부모의 완전한 사랑의 징표로서 단지 자녀이기 때문에 사랑을 받을 수 있다는 신뢰감을 준다.

부모가 자녀의 실수를 인정하고 다시 오류를 수정해 주며 감정을 배제한 채 말한다면, 지속적이며 신뢰하면서 실수로부터 배우고 당황하지 않을 것이다. 어린이들은 반복을 통해 무엇인가 성취하는 새로운 방법을 발견하며 인내하면서 새로운 작업에 도전하고 창조한다. 부모는 자녀를 비판하지 않으며 올바르게 수정해 주고 자녀는 자신의 작업을 반복함으로써 자기 작업에 대한 열정과 긍정적인 태도를 가지게 될 것이다. 어린이들은 내면의 충동과 자극에 의해서 행동하며 자신의 움직임을 조절하고 개발하기 위해 행동한다.

❷ 내면에서 동기를 이끌어 낼 수 있는 환경을 구성하여야 한다.

어린이들에게 동기 부여와 선택은 자기조절 능력을 발달시키는 핵심 요소들이다. 가정 또는 다른 환경에서 음악을 듣고 즐길 수 있는 기회를 많이 접한 음악가 부모를 가진 유아들은 특별히 음악에 민감하며, 기술자는 자신의 장난감과 부속을 다룰 때 유아기부터 관심과 흥미를 발전시킨 것이다. 부모들은 자녀들이 탐험가이고 과학자이며 창조자이고 유능한 스승이라는 사실을 인지하여야 한다. 그들은 자기 머릿속에 없는 모든 지식들을 밖의 세상으로부터 끌어들인다(Michael, & D'Neil Duffy, 2012).

그들은 무능하지만, 알려지지 않은 무한한 잠재능력을 가지고 태어나기 때문에 부모들은 자녀의 관심과 흥미에 대한 선택의 가능성을 제공하고 촉진해 준다면 어린이들은 뛰고, 기어오르기, 색상별로 물건 분류하기, 관찰하는 등의 새로운 기술들을 창조해 나아갈 것이다. 부모들은 무엇인가 해야 할 것을 일로 생각하지만, 어린이들은 자신들의 작업을 사랑하고 놀이가 자신들의 일이다. 어린이들은 외부 세계에 즐비해 있는 지식들을 감각과 운동이라는 매체를 활용하여 자신의 뇌 속으로 끌어들인다.

성인들은 하루 일정과 의무적으로 주어진 일의 계획과 목록을 가지지만, 어린이들은 작업에 대한 동기를 부여 받았고 자신이 좋아하는 작업을 선택했기에 관심을 집중하고 작업에 몰입한다. 부모들은 자녀의 작업을 관찰하여야 한다. 어린이들은 활동을 통해서 도전의 단계로 발달시킨다. 예를 들면 지금 겨우 막 걸음마를 시작한 어린이는 무거운 물건들을 옮기고 싶어 하거나 부모가 어린이와 함께 양말이나 바지를 어떻게 접는지 시범을 보여준 후, 어린이는 모든 빨래 접기에 도전한다. 어린이들은 이렇게 성장하고 더욱더 능숙하고 훌륭한 수준에 도달했을 때 또 다른 도전을 시도하려는 본능을 가지고 있다.

❸ 부모는 자녀들에게 정확하고 일관성 있는 한계를 제시할 수 있는 환경을 구성하여야 한다.

부모가 자녀들에게 한계점을 제시한다는 것은 자녀가 원하는 모든 것을 할 수 없다는 삶의 기본적인 원칙을 가르치는 것이다. 부모들은 자녀들에게 무엇이든 조건 없이 주고 사랑하는데 익숙해져 있다. "아니야!"라는 말보다는 "그래, 해줄게!"라는 답으로 자녀들이 행복하길 바라는 마음에서 적절한 한계점을 찾지 못한다. 부모들이 "그래"라는 말로 인해서 자녀들은 한계를 수용하지 못할 뿐만 아니라 한계점에 대한 감정을 조절하는 방법을 학습하지 못할 수 있다. 자녀들에게 원하는 것과 필요한 것을 구분할 수 있는 능력을 양육해 주어야 한다.

무방비 상태에서 자유롭게 성장한 어린이는 사회 공동체에서 정한 규칙, 공동체 질서, 부모, 교사, 다른 어른들과 한계 내지 심지어 사회적 질서를 수용하지 못하는 성인으로 성장할 가능성이 있다. 반대로 아주 권위적으로 요구하고 명령하며 비협력적이고 지배적인 부모들은 자녀들에게 자신들이 원하고 시키는 대로만 하기를 원하기 때문에 지시와 명령 없이 행동하기 두려워하는 자녀로 양육될 수 있는 가능성이 있다. 이러한 교육방법은 자녀들이 세상을 탐험하고 스스로 독립적이길 원하는 열망과 도전의식에 대한 두려움으로 가득한 성인으로 자라게 될 것이다.

부모들은 가정에서의 적절하고 합리적인 한계를 반드시 정하고 제시하여야 하며, 이러한 규칙은 자녀의 발달 단계에 따라서 수정이 가능하다. 어린이들은 공유하는 방법을 배우고 타인을 존중하는 모습을 배우게 된다. 어린이들은 부모가 정한 규칙이 합리적이며 일관성 있는 한계를 정확하게 제공하면, 활동의 기준점을 가지게 되어 안정감을 느낀다. 이런 한계점의 제시는 어린이들이 부모를 존중하고 신뢰하며 사랑하도록 느끼게 만드는 가장 효과적인 방법이 될 것이다.

부모들은 가끔 대화, 지시, 지배와 같은 단어로 자녀들에게 말로 무엇을 해야 하는지 제한한다. 그러나 어린이들에게 말보다 더 큰 효과는 포옹, 윙크, 미소, 스킨십 그리고 어린이들이 목적을 가지고 즐기는 행동을 조용하게 바라보면서 상호작용하는 것은 자녀가 지금 올바른 길에 있다는 메시지를 전달하게 된다.

부모들이 자녀들에게 한계점을 허용하는 데 필요한 주의점이 있다.

- 자기 물건을 소중하게 다룰 것 : 교구와 교재를 함부로 던지지 말고 자기 자리에 정리할 것
- 부모 자신이 질서의식의 모델이 될 것 : 의자는 앉는 곳이고, 침대는 자는 곳, 식탁은 먹는 곳 등
- 부모 자신이 질서를 유지하고 규칙을 지키는 모델이 될 것

만약 부모가 물건을 정리하는 모델이 된다면, 자녀도 마침내 같은

행동을 할 것이다. 2세쯤의 어린이들은 규칙을 사랑하며 자기 세계를 이해하는 것을 좋아하고 물건이 있어야 할 곳을 깨닫는다. 부모가 만들어 놓은 질서 있는 가정환경이 자녀를 돕는 방법이다.

- 부모가 행동하는 것은 말하는 것보다 중요하다.
- 부모는 어린이들과 긍정의 언어를 사용하여야 한다. 예를 들면 "밥을 흘리면 안 돼!"라는 말 대신에 "밥을 밥그릇에 다시 담을까?"라고 말한다.

❹ 자녀에게 역할놀이를 할 수 있도록 제공하여야 한다

어린이들은 상상놀이와 역할놀이를 통해서 창의성을 발달시킨다.

❺ 적절한 시기와 적절한 때에 선택의 기회를 제공해 주어야 한다

어린이들은 선택하는 방법을 배워야 하며 선택하는 기술을 연습하고 발전시켜 나갈 수 있어서 더욱더 어려운 상황에서 어려운 선택으로 발전할 수 있는 기회가 필요하다. 발달 단계에 맞는 적절한 선택 기준의 예다.

- 여기에 밥과 김밥이 있는데, 어떤 것을 먹을까?
- 여기에 작은 수레가 있는데 끌고 갈까 타고 갈까?
- 정원에서 엄마를 도와줄까, 부엌에서 아빠랑 토스트 만들까?
- 거실에서 책을 읽을까, 아니면 밖에 정글짐에서 놀까?
- 오늘 복숭아를 살까, 아니면 자두를 살까?

❻ 어린이들의 부적절한 행동을 제한하여야 한다

자녀들이 수면 시간을 규칙적으로 유지하는 것, 식사 시간을 지키는 것, 규칙적인 운동으로 에너지를 발산할 수 있도록 야외 활동을 즐길 수 있는 시간을 가족과 함께 공유하는 것은 일상생활에서 일관성을 유지하는 방법이다. 적절한 영양공급과 휴식 시간을 가지는 것은 어린이들에게 아주 중요하다. 한 가지 활동을 끝내고 다른 활동으로 전환하는 것은 어린이들에게도 또 다른 도전이다. 부모는 자녀에게 변화와 전환의 시기를 적절하게 조절하여야 한다. 예를 들면 부모가 벽에 걸린 책가방을 잡는 것은 어린이집에 갈 시간임을 알리는 암묵적인 신호이다. 이러한 행동은 자녀들에게 다음에 일어날 일을 예측하여 깨닫도록 돕는다. 명령, 휴식, 영양 그리고 반복적인 연습을 근거로 자녀가 충동들을 억제하는 능력을 점점 발전시킨다.

부모들은 자녀들과 함께 시끄럽고 흥분시키는 환경을 피해 자연 속의 활동들을 선택하는 것이 좋다. 흥분상태나 스트레스를 받은 어린이들은 좌절상태에 대항하는 능력이 미흡하게 발달한다. 부모가 화가 났을 때 자신의 행동을 조절하려는 시도는 자녀의 행동에 모범이 된다.

❼ 부모는 자녀들의 행동에 어디까지 관여해야 할까?

가능하다면 자녀 스스로 문제를 해결하도록 할 때 자녀들은 사회적 기술을 발전할 수 있는 기회를 가질 수 있다. 부모는 발생한 문제에 대해 정리하고 갈등을 최소화할 수 있는 환경을 제공해 주어야 한다. 예를 들어 높은 선반에는 형의 교구를 정리해 두고 낮은 선반에는 동생의 교구를 정리해 둔다. 만약 동생이 형의 교구를 가지고 작업을 할 때 교구를 제자리에 정리하기 전에는 형의 교구를 사용할 수 없다는 규칙을 정할 수 있다.

❽ 부모는 자녀들의 행동을 존중하는 시간을 가져야 한다

자기 훈련(self-development)의 핵심적인 요소는 집중력을 유지하고 불안정한 정서인 산만함을 방지하는 것이다. 심지어 어린이의 경우도 자신의 집중력에 초점을 맞출 수 있는 능력을 만들어 가야 한다. 탐구활동을 할 수 있는 기회를 제공하고 부모로서 자녀가 많은 활동을 시도할지라도, 심지어 딸랑이를 가지고 놀더라도, 불필요하게 활동을 방해하지 말아야 한다. 부모는 자녀를 조용히 관찰하고 자녀가 새로운 탐구활동으로 인한 기술들을 실험할 때 어떻게 사물에 집중하고 있는지 관찰하여야 한다. 예를 들어서 모빌을 집중해서 보고 있을 때 부드러운 공을 서둘러 쫓아간다. 만약 부모가 자녀에게 탐색하고 실험할 수 있는 환경을 제공하고 조용히 관찰하면서 바라본다면, 자녀는 충동을 억제할 수 있는 능력을 발달시키게 될 것이다. 이러한 현상은 자기 훈련을 발달시키는 첫 단계이다.

어린이들은 출생과 동시에 집중력과 초점 맞추는 능력이 발달하지 않았다. 연구조사에 의하면, 부모가 어린 자녀의 행동에 지나치게 간섭한다면 유아기인 6~8세가 되었을 때, 과잉행동장애를 일으킨다는 결과를 내놓았다. 예를 들면 자녀가 상자 속의 휴지를 잡아당겨서 꺼내길 원할 때 방해하기보다는 관찰한다.

부모들의 에너지를 자녀의 욕구 충족에 소비한다면, 부모는 자녀가 자기 훈련, 책임감에 대한 이해와 제공된 자유를 조절할 수 있는 능력이 성장하고 있음을 지켜보며 즐거울 것이다. 부모들은 자녀들이 활동할 수 있는 환경을 준비해서 제공해야 한다. 실수를 배움의 일부분으로 생각하고 받아들일 수 있는 내적 동기를 촉진하여야 한다. 부모들은 자녀 스스로가 가정집에서의 활동을 통해 자기 세계로 연결해 주어야 한다. 합리적이고 분명한 한계를 제공하고 어린이들이 가장 안전한 영역에서 의지하고 있는지 종종 확인하여야 한다. 필요 이상의 칭찬, 보상과 벌이 좋은 교육방법이기보다 오히려 장애요인이 된다는 점을 받아들여야 한다. 부모는 자녀와 보내는 모든 시간과 더불어 자녀가 모든 것을 올바르게 선택하고 자신을 규제할 수 있는 능력을 가진 확실하고 자신 있는 어린이로 성장하도록 안내해 주어야 한다. 몬테소리는 다음과 같은 말을 한다.

정말 훌륭하거나 성공적인 일을 완성한 경험이 있는 사람 중에 단순히 우리가 '상'이라 부르는 것에 매료됐거나 혹은 '벌'이라 부르는 공포에 의해 한 사람은 그 누구도 없다. 모든 사람의 성장과정에서 성과라는 승리감과 진보적인 발전은 내적인 동기에서 비롯된다 (Montesori, M., 1972)

2. 부모와 자녀 사이의 대화

어린이들은 태어나면서 부모들의 언어, 목소리, 문장 사용을 통해서 언어 발달과 언어의 구조와 구성에 관심을 가진다. 어린이들은 자기들만의 몸짓언어, 울음, 표정을 통해 의사소통을 문제없이 해나아간다. 부모-자녀 사이에 대화가 필요한 이유는 다음과 같다 (Hallowell, E.M., 2002).

❶ 우선적으로 부모 자신과 다른 가족 구성원들을 위해서 의사소통을 위한 환경을 준비하여야 한다

자녀들을 위한 언어환경이 필요하다. 부모와 자녀 사이의 대화는 자녀의 언어 발달에 기초가 된다.

❷ 자녀들에게 말하기 위한 욕구를 촉진하기 위해 말하기, 듣기, 읽기에 대한 어린이와 가정에서의 문해능력을 연결시켜야 한다

❸ 부모들은 자녀들에게 언어를 흡수할 수 있는 시간과 재료를 제공하여야 하다. 자녀들에게 말하기, 듣기, 읽기를 연습시켜야 한다

❹ 자녀들이 사용하는 언어의 양은 언어를 자유롭게 활용하고 말하는 환경에 효과가 있다. 부모들은 자녀와의 언어적 상호작용에 영향을 미친다

부모들은 자녀들의 언어 발달을 위해서 발달 단계에 나타나는 현상에 관심을 가져야 한다.

일반적으로 생후 4개월이 된 어린이는 자기를 둘러싸고 있는 환경에서 들리는 소리와 조용한 음악 소리가 사람들의 입에서 나온다는 것을 알게 된다. 자녀는 부모와 함께 말할 때 모든 단어들의 의미를 깨닫고 부모들이 말하는 것에 관심을 가지고 집중하기 시작한다.

- 언어 발달을 위한 환경을 준비하여야 한다.
- 부모들은 자녀들에게 말하기, 듣기, 읽기를 위한 환경을 가정생활과 연결해 주어야 한다.
- 말하기, 듣기, 읽기를 위해서 언어를 연습하여야 한다.
- 자녀들이 언어를 흡수할 수 있도록 시간과 재료를 제공하여야 한다.
- 의사소통을 위한 환경을 준비하여야 한다.
- 부모들은 가정에서 자녀들을 위해 고요하고 조용한 환경을 만들고 시끄러운 전자 소리로부터 자녀들을 보호하여야 한다.
- TV 소리를 최소화하고 평화로운 환경을 만들기 위해 아주 조용한 동화 소리를 들려주어야 한다.
- 자녀들이 가장 많이 들리는 사람의 목소리를 듣는다면 어린이는 빠르게 가족들의 목소리를 인식할 것이다.
- 이 시기의 어린이들은 소리, 단어, 문장을 들을 수 있다. 천천히 그리고 직접적으로 자음과 모음 소리를 들을 수 있다. 자녀와 이야기할 때 어린이와 초점을 맞추는 것도 중요하다.

- 언어를 흡수하는 내부기관의 작업은 어린이들의 볼, 입술, 입 근육이 정상적으로 발달하고 있는가를 관찰하고 준비하며 언어를 구사할 수 있는 구강구조를 관찰하여야 한다.

❺ 부모는 자녀들에게 말하기, 듣기, 읽기를 위한 환경을 연결해 주어야 한다

- 가능한 한 말하는 시간을 지속적으로 가져야 한다.
- 어린이들이 적극적이고 활동적으로 이야기한다면 적극적으로 반응해 주어야 한다.
- 어린이들은 부모의 소리를 듣고 반응할 때 부모는 대화의 모델링 역할을 한다.
- 자녀와 이야기할 때 부모의 감정 개입은 눈, 억양, 단어로 표현된다. 부모가 자녀와 함께 부드러운 속삼임, 팔 흔들기, 스킨십, 미소로 반응한다면, 이러한 상호작용은 더 많은 의사소통을 자극시킨다.

언어 발달과 언어적 상호작용을 위해서 다음과 같은 것을 제시할 수 있다.

어린이들에게 읽기, 말하기, 듣기에 필요한 학습 자료를 환경 속에 포함시켜 대화방법을 돕는다. 또한 부모들이 하루에 10~20분 정도 소리 내어 책을 읽어주면 책에 대한 개념을 통해서 대화의 연결고리를 만들어 갈 수 있다.

3. 부모와 자녀 사이의 관계 중요시하기

인간이 발달하고 성장하는 과정은 모든 것의 관계로부터 시작한다. 이러한 관계가 인간교육에 미치는 효과는 부모가 자녀를 직접 가르치는 것보다 훨씬 더 많은 영향력을 미친다고 할 수 있다. 부모들은 다음과 같은 사항들을 생각해 볼 수 있다.

- 당신의 자녀가 당신을 얼마나 신뢰할 수 있는지 생각해 보아야 한다.
- 양육자는 관계와 사랑을 중요시하여야 한다.
- 자기 자신과 자기 세상을 발견하도록 협력해 주어야 한다.
- 부모는 자녀와 신뢰성을 만들어가야 한다.
- 부모의 자신감과 자존감 그리고 가치관이 자녀의 신뢰감을 만들어간다.
- 자녀들의 탐색활동을 도와주어야 한다. 탐색활동을 저해한다면 좌절감, 불안감을 느낄 것이다.
- 자녀들에게 반드시 필요한 것과 원하는 것을 구별할 수 있어야 한다.
- 자녀들은 다음의 4가지 관계를 통해서 성장하기 때문에 지지해 줄 필요가 있다.
  - 훌륭한 사람 : 어린이들은 자기들의 롤모델이 될 수 있는 훌륭한 사람으로서 지지자가 필요하다. 자녀들은 훌륭한 부모, 훌륭한 교사, 훌륭한 양육자가 필요하다. 자녀들이 가장 민감하게 상호작용하는 것은 자기가 좋아하는 사람이다. 어린이들은 자기를 사랑하는 사람들에게 아주 예민하다.

– 준비된 환경 : 자녀들에게 준비된 환경은 유능한 교사와 훌륭한 부모를 만나는 것과 같다. 자녀들은 준비된 환경 속에서 사물과 상호작용하면서 물리적 지식을 확장해 간다. 몬테소리는 우주 자체가 자녀들의 환경이라고 말한다

– 자기 작업 : 자녀들은 작업을 통해서 학습을 주도하고 독립심을 키우며 자율적인 활동을 습관들인다. 자녀들에게 작업은 음식과 같은 것이다. 음식은 자녀들의 몸을 발달시키고, 작업은 자녀들의 정신적인 성숙을 이끌어 간다.

– 사고, 생각 : 자녀들은 사물, 사람과 더불어 탐색하고 상호작용하는 습관을 기른다. 우선 생각과 느낌이 있어야 움직이고 활동한다.

❶ 함께 함의 중요성

- 자녀를 간섭하지 말고 단지 바라보고 들으며 행하여야 한다.
- 자녀의 요구와 일치하는 환경을 준비해 주고 환경을 새롭게 디자인해 주어야 한다.
- 자녀의 본성을 훌륭하게 관찰하기 위해서다.
- 자녀들은 부모들의 생활과 시범을 통해서 기초 학습을 배운다.
- 부모는 자녀의 훌륭한 모델이고 안내자이며 지지자이다.
- 부모는 자녀가 아주 열심히 관찰하는 관찰자라는 사실을 알아야 한다.

  자녀들은 부모들의 행동에 애착을 갖고 있다. 반면 어른과 비슷해지고 싶어 한다. 자녀들은 어른들에게 관심을 가지고 주의를 집중하면서 어떤 의무 같은 것을 갖게 된다.
- 적절한 교육방법, 지침서를 제시할 때 부모들은 항상 침묵하고

천천히 행동해야 하는데, 부모의 행동을 바라보고 관찰하는 자녀는 부모들의 특별한 행동을 정확하게 보고 들으며 관찰하기 때문이다.

- 자녀가 말하기 바라는 방법으로 말을 하여야 한다.
- 자녀가 먹기 원하는 방법으로 먹여 주어야 한다.
- 자녀가 움직이고 생활하기 바라는 방법으로 움직이고 생활하여야 한다.
- 자녀가 태어나는 순간부터 존경받을 만한 고귀한 존재로 존중하면서 대화를 하여야 한다.
- 정확하고 올바른 언어를 사용하도록 노력하여야 한다.
- 아직 어린이들은 중요한 문장을 '만들어서' 말하기에는 어려움이 많기 때문에 간단한 말부터 학습하도록 하여야 한다.
- 어린이에게 가장 훌륭한 교육방법 중 하나는 신체적 접촉이다. "엄마가 사랑이를 한번 안아줄까?" 가능하면 꼭 안아준다.
- 자녀들에게 항상 할 수 있다. "너는 훌륭한 능력을 가지고 있어!"라는 자신감을 기회가 있을 때마다 말해 준다.

❷ 어린이들을 위한 일과표 구성

- 휴식의 중요성 : 방해받지 않는 작업 시간, 혼자 있는 시간, 잠자는 시간, 관찰 시간
- 접촉과 상호작용할 수 있는 시간
- 책 읽는 시간
- 서두르지 않으면서 식사할 수 있는 시간

❸ 가정에서 질서감을 기르기 위한 훈련

- 자신의 방을 매일 청소하도록 협력한다.

- 어린이들 나름대로 하루 일과표에 의해서 생활할 수 있도록 돕는다.
- 새로운 교재·교구를 꺼내기 전에 우선 사용한 것을 정리정돈 하도록 시범을 보여 준다
- 가정에서 매일의 일상생활 활동과 가사노동에 자녀를 포함시키고 동참시킨다.
- 자녀들에게 일상생활 활동에 참여할 기회를 준다.
- 부모는 자녀의 행동과 시간에 불필요한 간섭을 하지 말아야 한다.
- 부모들의 간섭 없이 실패와 성공 사이에서 자신과 싸울 수 있고 극복할 수 있는 경험의 기회를 주어야 한다.

❹ 자녀들을 격려하고 용기를 주기

- 부모는 작은 일이라도 진심으로 다양한 방법으로 축하해 주어야 한다.
- 자녀들은 어떤 상황에서라도 부모들의 감정과 판단 그리고 흥분으로 침해당하고 방해받지 않아야 한다.
- 보상과 체벌을 피하여야 한다.
- 어린이들에게 내재적 동기 부여가 일어날 수 있도록 도와주어야 한다.
- 칭찬과 보상 대신에 용기를 주고 더 잘할 수 있도록 격려해 주어야 한다.

4. 자녀는 두 사람의 부모를 원한다

몬테소리는 부모가 자녀교육에 결정적인 역할을 하는 자녀들 최초의 스승이라고 말한다. 몬테소리는 부모가 자녀의 첫 스승이 되는 이유를 다음과 같이 말한다.

- 부모는 자기 자녀에 대해 가장 많은 것을 알고 있기 때문이다.
- 자녀의 첫 스승으로서 자녀들의 흡수정신에 가장 많은 영향력을 미치기 때문이다.
- 부모는 자녀들에게 유능한 시범자이기 때문이다.
- 부모는 자녀들에게 교육환경을 처음 제공하는 사람이기 때문이다.
- 부모는 자녀들에게 생물학적 욕구와 정신적 욕구를 충족시키는 사람이기 때문이다.
- 부모가 자녀의 본성을 이해하고 안내할 수 있기 때문이다.
- 부모들은 자녀들에게 절대적으로 필요한 사람들이기 때문이다.

자녀는 어머니만도 아니고 아버지만도 아닌 두 사람의 부모를 필요로 한다. 부모들은 다음과 같은 주인공이 되어야 한다.

- 부모는 자녀의 생명이 잉태되는 순간부터 가장 가까운 그리고 가장 행복한 협력자와 파트너십의 위치에 놓이기 때문이다.
- 무엇보다 자녀를 이 세상에서 가장 사랑하는 사람은 부모이기 때문이다.
- 부모는 자녀와의 갈등을 최소화할 수 있고 적극적으로 도와줄 수 있어야 한다.
- 자녀들은 두 사람의 부모를 필요로 한다(Fresco, G. H., 2004).

5. 엄마·아빠·자녀를 위해서

부모로서 한쌍, 부부로서 한쌍

우리들이 생각하여야 할 것은 부모로서 한 쌍인 동시에 부부로서 한 쌍이다. 새로운 생명체인 자녀가 탄생한다면 한 쌍의 부부인 동시에 부모인 아빠와 엄마도 탄생한다. 부모는 아주 중요한 의미를 부여한다. 부모가 되었을 때 한 쌍의 부부는 어떻게 되는 것일까? 다시 말하자면 부인과 남편이 자녀들에게 원하는 것은 무엇일까? 단지 두 사람이 부모가 된다는 것 혹은 자녀를 탄생시키려는 목적과 한 쌍의 부부로서 가장 안전하고 평화로운 보금자리, 즉 두 사람이 창조해야 할 것은 가정이다. 부모가 되었을 때 두 사람은 부부로서의 삶도 지속적이어야 한다.

자녀를 위해서

자녀들은 건강하고 훌륭하게 성장하기 위해서 두 사람의 부모를 필요로 하는데, 두 사람이 자녀를 양육하는 것이 훨씬 편리하기 때문이다.

자녀는 건강하고 훌륭하게 성장하기 위해서 부부인 두 사람의 부모를 가지는 것은 당연한 일이다. 두 사람이 필요하다는 말은, 즉 두 사람이 서로서로 도울 수가 있기 때문이다. 만약 부부로서 두 부모가 없다면 자녀들은 올바르게 생각하고 조화롭게 성장하는 데 제한을 받게 될 것이다. 사람들은 부모가 없으면 "아이구 가련한 아이야!"라고 말한다. 부모님의 어깨 위에 자녀의 모든 사랑과 마음을 올려놓고 함께 가야 하며 자녀들의 가능성과 잠재능력이 조화롭게 균형을 이루면서 발달하도록 해야 한다. 자녀는 부모가 없으면 모든 면에서 장애가 된다. 자녀를 위한 부모가 되어야 한다.

아빠를 위해서

당신의 부인은 지금 세상에 한 인간을 탄생시켰다. 엄마가 된 것이다. 당신도 이 세상에서 가장 귀한 사랑하는 자녀를 얻었다. 든든한 아빠가 된 것이다. 훌륭하게 성장한 당신의 자녀는 살아가면서 지금보다 더 훌륭한 아빠를 원할 것이며, 아마 당신도 자녀가 훌륭하게 성장하기를 원할 것이다. 그렇다면 아빠를 누구라고 생각하겠는가? 아버지인 당신도 계속해서 자신을 위해서 당신이 원하는 것을 가지려고 한다. 엄마가 된 당신의 사랑하는 부인은 삶을 당신과 함께 하기 위해 당신을 선택해서 만났다. 물론 지금이 모성적 보호로부터 지나가는 순간이라 할지라도 당신은 부인인 그녀를 아직도 보호할 수 있겠는가? 아빠는 혼자서도 사랑하는 자녀를 건강하게 양육할 수 있고, 아빠 가까이에 있는 엄마가 새로 태어난 자식을 양육할 때 적극적으로 도움을 줄 수 있다. 아빠는 주말에 규칙적으로 엄마와 단 둘이 외출하여 둘만의 시간을 갖는 것에 대해 생각해 볼 수 있다 엄마·아빠 둘만의 시간을 위해서 자녀를 다른 사람에게 부탁할 수 있다. 물론 믿을만한 할머니, 할아버지에게 말이다. 부부로서 둘만의 시간은 자녀에게 새로운 에너지를 만들어 주는 중요한 시간이 될 것이다.

엄마를 위해서

당신의 자녀는 당신에게 위대한 변화를 가져다 주었다. 갓 태어난 신생아는 생명을 창조하고 유지하기 위해서 간절한 마음으로 부모가 필요하다. 아마 엄마도 그렇게 생각할 것이다.

지금 아빠가 된 당신의 남자는 당신 곁에 가장 가까이 있는 한 남자이다. 그러기 때문에 당신을 사랑으로 보호하고 감싸달라고 말해도 된다. 엄마와 신생아의 보호를 위해서 당신 남편을 더 가까이에서 사랑하여야 한다. 아마 당신의 남편은 당신을 돕기 위한 방법을 지금도 생각하고 찾고 있는 것이 분명하다.

6. 통합 발달을 위한 부모의 역할

대부분의 부모들은 자녀가 태어나면 자신에게 주어진 역할이 무엇·어떤 것들인가에 관심을 가지게 되나 부모-자녀의 관계와 역할을 성공적으로 이끌어 가기 위한 전략과 방법을 아직 잘 모른다. 부모들은 우선적으로 다음의 과제들에 관심을 가져야 한다.

첫째, 몬테소리는 자녀들을 존중하고 따르며 스승으로 섬기라고 말한다(Montessori, M., 1950; 조성자 역, 1991). 자녀들은 해맑은 존재이기 때문이다.

둘째, 부모는 자녀들의 생물학적·정신적 욕구를 충족시켜야 한다. 자녀에게 이 두 가지 욕구를 충족시킬 수 있는 환경을 제공해 주어야 한다.

셋째, 자녀들은 외부 환경으로부터 다양한 영향력을 받기 때문에 부모의 특별한 사랑이 필요하다.

몬테소리 부모교육에서 부모들의 역할을 인성적인 측면, 사회화 측면, 정서적 측면, 사회적 측면, 인지적 능력 발달의 측면을 고려하여야 할 것이다(Montessori, M., 1952; 조성자 역, 1994).

❶ 인성 발달의 측면에서의 부모 역할

- 무조건적인 허락이 아니라 적절한 통제와 한계를 설정한 다음 사유를 허용할 것
- 자녀의 특성과 본성을 관찰하고 존중해 줄 것
- 부모의 사회적 정체성과 자녀의 정체성을 구분하고 부모가 원하는 것과 자녀가 원하는 것의 차이점을 인식할 것
- 자녀에게 절대적으로 필요한 것과 원하는 것의 차이점을 인식

할 것

- 옳고 그름에 대한 판단을 가르칠 것
- 자녀들의 양육자, 환경, 교재·교구와 상호작용할 수 있는 환경을 구성해 줄 것
- 자녀들의 잠재능력을 최대한 계발해 줄 것
- 자녀가 규칙, 질서, 시간 개념을 가지도록 지도할 것
- 자녀들의 생물학적 욕구를 충족시킬 것

❷ 사회적 정서적 측면에서의 부모 역할

- 이 시기의 자녀들은 가장 강한 사랑을 요구하기 때문에 자녀들에게 일관성 있는 태도와 밀착된 관계 형성을 중요시할 것
- 자녀들은 자기와 다른 사람의 관계, 자기와 사물과의 관계에 아주 민감하기 때문에 부모와 함께 사물과 자연을 자유롭게 탐색할 수 있는 기회를 제공하고, 함께 이야기 나누기 기회를 가질 것
- 0~3세는 질서와 안전에 대한 민감기가 발달하는 시기이므로 안전한 환경 구성, 질서의 민감기를 최대한으로 고려할 것
- 3~6세의 자녀들에게는 독립심, 자율성, 우주에 대한 관심을 가지도록 지도할 것
- 자녀들의 다른 친구들과의 관계를 존중해 줄 것

❸ 사회화 과정에서의 부모 역할

- 자녀들에게 지나친 물질적 욕구를 허용하지 말 것
- 자녀들을 필요 이상으로 과보호하지 말 것
- 자녀들에게 충분한 애정을 줄 것
- 권위적인 태도는 파트너십 태도로 바꿀 것
- 부모수준의 지나친 규범과 행동을 강요하지 말 것

- 자녀를 지나치게 허용하기보다는 적절한 통제를 할 것
- 자녀들에게 사회적 규범, 문화양식을 가르칠 것
- 친구들과의 놀이활동을 강조할 것
- 부모-자녀의 사이를 협력관계로 이끌어갈 것

❹ 자녀들의 인지 발달을 위한 부모 역할

- 자녀들에게 사물과 상호작용할 기회를 제공할 것
- 자녀들이 독립적으로 학습할 수 있는 환경을 제공할 것
- 정확한 시범을 보일 것 : 몬테소리교육에서 시범은 교육방법이다.
- 발달 단계에 맞는 학습과정을 제공할 것
- 자녀의 집중력 발달을 위한 환경 구성을 제공할 것
- 학습활동을 즐길 수 있도록 긍정적인 태도로 양육해 줄 것
- 자녀들의 기억 저장소에 보관할 추억을 많이 제공해 줄 것
- 손 운동, 뇌 운동을 적극적으로 촉진해 줄 것

❺ 자녀들의 신체 건강과 신체 발달을 위한 부모의 역할

- 적당한 칼로리의 섭취와 신체활동

비만 자녀들은 제2형 당뇨병, 고혈압, 뼈·관절 문제, 약한 면역계를 가질 가능성이 높고, 비만으로 인한 수면장애, 몸무게로 인한 놀림의 대상인 왕따가 될 가능성, 심장병에 대한 위험 인자를 가지고 있다.

- 유아 비만이 후에 성인 비만으로 연결되기 때문에 신체 운동을 규칙적으로 실시할 것
- 가족과 함께 일상적인 활동 이외에 충분한 신체활동 시간을 가질 것
- 자녀들에게 가능한 한 많이 움직일 수 있는 활동을 권장하고

TV나 컴퓨터 앞에서 보내는 시간을 줄일 것

- 비만을 방지하기 위해서 다양하고 간단한 활동적인 놀이를 습관 들일 것
- 신체활동을 통해서 체지방 감소하기
- 단순한 신체활동부터 시작해서 격렬하고 적극적인 신체활동을 할 것
- 신체활동 즐기는 방법을 배우고 습관들일 것
- 체계적으로 구성된 신체활동 60분
- 체계적으로 구성되지 않은 신체활동 매일 60분
- 수면 시간을 제외하고는 한 곳에 60분 이상 머물지 않기
- 60분 동안 신체활동을 쉬지 않고 지속적으로 행할 것

몬테소리의 부모교육과 자녀를 위한 역할

Chapter 5

1. 몬테소리교육에서 부모교육의 중요성

자녀들은 부모들의 삶과 활동 자체를 그대로 흡수한다. 부모의 삶 자체가 자녀교육의 본질적인 면을 형성해 준다. 모든 가정은 나름대로 자기 고유한 가정문화를 가지고 있지만, 문화의 차이점은 대단히 크다. 부모의 방관적 태도, 애정결핍, 지배와 명령형, 자녀의 행동을 부모의 감정에 따르도록 하는 것과 같은 문화를 가진 가정이 있는가 하면 그와는 정반대로 자녀의 행동을 늘 조망하고 대화로 해결하는 존중의 문화를 가진 가정도 있다.

부모들은 당연히 부모로서의 권위를 가지고 자녀들에게 영향력을 미치고 싶어 하지만, 불행하게도 자녀에게 늘 가르치는 문화를 가진 부모는 자녀와의 관계가 원만하지 않고 자녀의 인생과는 상관없이 자녀의 인생에 행복과 성공의 가치를 직접 전달해 주고 이끌려는 성향을 가진다.

행동이 말보다 중요하다는 것은 모든 사람들이 이미 잘 알고 있는 사실이지만, 인생의 배움 중 5%만이 가르침에서 얻어진다는 통계를 보면 이러한 부모들에게 좀 놀라운 일이 아닐 수 없다. 나머지 95%는 가족문화와 사회적 관계, 즉 경험에서 얻어진다고 한다. 이러한 측면에서 부모들이 알아야 하는 점은 자녀들은 부모들의 조언과 명령보다 행동 그리고 부모들의 삶 속에서 더 많은 것을 배울 수 있는 가능성과 기회가 주어진다면 자녀 스스로 행복한 삶을 살아갈 수 있는 훈련을 자연스럽게 가정에서 학습하게 된다.

- 부모인 나는 나의 부모로부터 배운 것을 기억하고 생각해 볼 수 있다.
- 부모들에게 나는 어떤 딸(아들)의 모습이었을까?
- 부모님의 말을 잘 들어 착한 딸(아들)로 인지되었을까?
- 부모님이 말씀하시는 것을 실천하려고 노력하였을까?
- 부모님들의 행동에서 나에게 가장 영향력을 미친 것은 무엇일까?
- 부모와의 아픈 경험은 없었는가?

어쨌든 중요한 것은 부정적이든, 긍정적이든 부모들의 행동과 양육 형태는 현재 내가 자녀를 양육하는 방법과 내가 살아가는 삶의 방식에 매우 중요한 삶의 뿌리를 가지고 있다. 우리들의 자녀도 마찬가지이다. 자녀들은 부모 삶의 모습과 뿌리에 상관없이 현재 함께 있는 부모들을 필요로 한다. 자녀들은 부모에게서 배우고 부모들을 삶의 모델로서 받아들이는 경험을 해야 한다. 대부분의 자녀들은 삶의 목적과 의미에 대해서 분명한 생각을 갖게 하고 조화롭게 살아가기 위해 강력한 내적 동기 부여가 필요하다.

부모들은 진정성 있게 살기 위해서 중요한 것은 완벽함이 아니라 미래를 향해 목적을 가진 삶이라고 말한다. 부모들은 완벽하려는 생각과 자녀를 마치 자기 작품처럼 설계하려는 생각을 포기하여야 한다. 부모들은 자녀들을 가르치는 데 있어서 자기들의 가치관과 일치하지 않을 때 비난함으로써 자녀들에게 정직할 수 있는 기회를 잃어버리게 만든다.

몬테소리는 어린이들의 최초 스승은 부모라고 생각하였기 때문에 부모가 어린이들의 교육에 결정적인 역할과 영향력을 미친다고 말한다. 자녀들의 교육은 부모와 함께 탄생과 더불어 시작해야 하며 동시에 부모들의 가장 큰 의무와 책임이다. 다른 측면에서 그 어느 누구도 부모만큼 자기 자녀에 대해 잘 알고 있는 사람은 없다. 부모는 자녀들의 취미활동, 인지적 욕구, 영적인 가치, 문화적·환경적 평가에 있어서 의미 있고, 흥미 있는 활동 영역으로 자녀들을 안내하고 지도할 수 있어야 한다. 자녀들의 첫 스승으로서 부모는 발달 단계에서 일어나는 흡수정신에 가장 중요한 영향력을 미친다.

일반적으로 몬테소리 학교는 가정의 연장이라고 할 수 있으므로 가정과 몬테소리 교실의 연계성 수업을 권장하는 이유다. 예를 들면 몬테소리원에서는 학부모님들이 오리엔테이션에 참여하여 참관수업, 부모교육, 부모참여교실 등과 같은 유아교육기관 활동에 참여하도록 권장한다. 가정에서 부모는 교사와 마찬가지로 어린이들에게 불필요한 간섭, 오류수정, 명령, 지배하려 하지 말아야 한다. 몬테소리 교실에서 교사는 어린이들에게 시범을 보인 다음에 자신이 제시한 방법과 동일하게 어린이들이 작업에 참여하도록 기회를 제공해준다. 어린이가 교구를 사용할 수 있는 능력을 보여주면 교사 자신이 보인 제시 방법이 정확하다는 것을 인지하게 된다.

교사의 제시방법이 어린이들에게 잘못 제시되었다는 점을 보여주면, 교사는 다음 기회에 다시 작업할 수 있도록 조심스럽게 어린이에게 제안해야 한다.

몬테소리교육에 있어서 부모들의 일은 어린이 스스로 활동하며 질서 지키기를 원하고 환경을 준비하며 관찰의 중요성을 인정하고 어린이들의 내적 세계 비밀을 관찰하여 밖으로 이끌어 내는 것이다.

2. 부모와 자녀의 갈등

전통적 부모교육은 수직적인 관계에서 명령하면 복종하여야 하고 추종관계에서 자녀를 교육하고 자녀의 잘못을 부모의 입장에서 충고하고 잘못한 것을 훈계하며 경고하면서 지도하고 관계를 유지해 왔다. 부모는 단순하게 어른이라는 이유로 부모에게 절대 순종할 것을 요구한다. 이러한 추종관계는 항상 부모-자녀 사이에 불만과 갈등을 일으키게 되며 부모와 자녀 사이의 협력관계, 사랑과 상호 신뢰관계도 파괴한다. 다른 한편으로 부모는 자녀를 이해하지 못하고 어린이들은 어른에게 저항하며 회피하려 하고 부모-자녀 사이는 점점 갈등관계로 변화한다.

부모는 자녀의 발달 단계를 이해하지 못하고 잘못된 관점에서 그들을 해석하고 교육하기를 원하기 때문에 교차되고 자녀에 대한 압박감, 갈등은 더욱 강화된다. 부모의 권위적 교육방법으로 인해서 부모와 자녀 사이의 갈등관계는 더 강화되고 부모-자녀의 관계에서 부모는 자기중심적이며 자기 척도로 자녀를 판단한다. 자녀가 부모에게 반항하면 부모는 자녀의 태도를 이해하기보다는 자기들의 편안함, 자유로운 활동을 위해서 반항한다고 부정적인 생각으로 일관한다. 부모와 자녀 사이의 갈등은 자녀들이 스스로 작업을 시작하려고 할 때부터 시작된다. 발달 초기에는 어린이들이 보고 듣는 세계를 감각적으로 탐색하는 것을 부모와 그 누구도 방해할 수 없다. 다음 발달 단계에서 어린이들이 활동적으로 걸으며 집안의 모든 물건을 탐색하고 던지며 부수는 탐색활동이 활발하게 이루어지면 갈등관계는 극대화 된다. 부모들은 자녀들을 진심으로 사랑한다 할지라도 자녀들의 잘못된 행동에 대해 아주 너그럽지 않다. 이러한 단순한 저항감으로 인해서 부모-자녀 사이는 새로운 경쟁자 내지는 작은 싸움의 대상이 되는 적과의 동행이 시작된다.

부모들은 자녀와의 관계에서 갈등과 해결에 대한 이해도를 높일 수 있어야 하고 갈등을 조정하고 통제할 수 있는 능력이 있어야 한다. 갈등해결을 위한 행동과 태도를 어떤 방법으로 접근할 것인가도 주목하여야 한다. 가정에서 일어나는 부모-자녀 사이의 갈등은 작은 일에서 시작하여 단순하게 지나쳐 버릴 수 있기 때문에 상황에 맞게 해결책을 찾아야 한다(Kreidler, W. J., 1984; 조성자 역, 2007).

부모-자녀 사이의 갈등을 해결하기 위해서 다음과 같은 접근방법을 적용할 수 있다.

- 진지한 접근방법은 절대적으로 포기하지 않고 어린이들의 행동을 객관적이고 솔직하게 수용하고 있는지 아닌지를 훈련하는 것이다
- 문제해결을 위해 접근하는 방법으로 갈등이 있을 때 대립하는 것보다 함께 문제를 해결해 가는 방법을 설정하여 창의적이고 협력적인 관계를 만들어 가는 것이다.
- 타협적인 접근방법은 부모-자녀 사이의 말을 들어주고 이해하면서 원하는 것이 무엇인가 파악하여 서로 주고받는 관계를 유지하는 것이다. 부모-자녀 사이에 양보와 관계 개선을 할 수 있도록 타협하는 것이다.
- 유희적 접근법은 어린이들의 갈등은 작은 것에서부터 시작하기 때문에 가능하다면 다른 곳으로 관심을 돌리려고 노력하고 가능한 조용하고 평화로운 분위기를 만들어 갈등을 해결하는 것이다.
- 무시적 접근법은 부모가 자녀의 한계를 인정하고 스스로 해결방

법을 찾도록 노력한다. 자녀들에게 스스로 갈등문제를 해결하도록 묵인해 주는 것이다.

부모-자녀 사이에 갈등이 전혀 없다는 것은 불가능하고 갈등을 최소화하기 위해서 위의 방법을 활용할 필요가 있다.

갈등이 일어나는 핵심적인 요인들은 두 자녀 이상이 있을 때, 상호작용에 대한 인식이 부족할 때, 공존할 수 없는 사항들이 있을 때, 욕구와 가치가 다를 때 일어날 수 있다.

부모와 자녀 사이에 갈등이 일어나는 주 요인은 두 사람의 생각이 다르다는 것, 억압당하고 명령을 따라야 하며 형제 간 갈등에서 한 형제의 편만을 들어주며 부모-자녀 사이에 지각된 위험도가 높고 의사소통이 잘 되지 않기 때문이다.

3. 자녀의 의사소통 욕구

인간이 말할 수 있고 하기를 원한다는 것은 당연히 본능적인 것이다. 특히 어린이들은 자기 나름대로 의사소통이 되든 안 되든 간에 자기 방식의 방언을 가지고 있다. 좀 어렵기는 하지만 부모들은 대부분 자녀들의 방언을 이해하고 알아듣는다. 신기한 일이다.

일상생활 속에서 모든 사람들은 말을 하고 다른 사람이 말을 듣기도 하며 서로 이야기 나눌 때 귀를 기울인다. 말은 다양한 의미를 가지고 있고 절대적으로 필요하며 때로는 가장 위대한 관심사를 서로 나누는 통교수단이라 할 수 있다. 언어는 인간사와 함께 하며 살아있는 유기체와 같다. 언어는 역사와 함께 새롭게 태어나기도 하고 때로는 퇴화되어지며 죽은 언어로서 사라지기도 한다.

엄마가 자식을 잉태하듯 자신이 가지고 있는 모국어를 통해서 자아 정체성을 확실하게 발달시킨다. 이러한 측면에서 언어에도 엄마가 있고 자식이 있는 것 같다. 언어 발달은 자연, 인류 역사와 함께 한다. 새로운 언어는 하나의 자연현상이며 사회적인 중요한 요소가 된다.

현대의 언어학자들은 영유아들의 언어 발달에 많은 관심을 가진다. 언어는 자신의 표현수단으로써 사회에서 다른 사람들에게 표현할 수 있는 방법이며 지적표현 수단이라고 할 수 있다. 인간은 언어를 창조하고 새로운 단어를 만들어내며 자신이 한국어를 구사하면 한국인이라는 것을 알게 된다. 태어난 곳에서 모국어를 배움으로써 언어가 자기 정체성과 연결되는 것은 매우 자연스러운 현상이다.

유아들은 단어를 어떻게·무엇으로 이해할까? 단어는 특정한 자음과 모음이 조합하여 구성되는 음이다. 단어에 뜻과 의미를 부여하는 것은 인간이 결정한다. 음 자체는 어떤 의미를 가지지 않는다. 그러므로 하나의 집단 속에 속해 있는 사람들에게 특정한 음의 조직은 특정한 개념이 될 수 있다.

한 단어는 한 개념의 상징일 뿐만 아니라 특정집단들 간의 언어적 계약이기도 하다. 한 집단의 사람들이 계약에 동의를 하게 될 때 특정 소리들은 고유의 뜻을 의미하게 되며, 고유의 뜻은 자기들 사이에서 의사소통을 할 수 있도록 만들어 준다. 언어의 정체성이다.

인간의 지능이 이러한 언어적 요소를 창조하며 다른 사람들과 의사소통을 할 수 있도록 만들어 준다. 만약 인간들에게 공통의 언어가 없다고 가정한다면 인간은 그 어떤 것도 실행할 수 없을 것이다. 그러므로 인간이 언어를 창조한 업적은 가장 위대한 업적인 동시에 세계의 위대한 창조 작업을 성공적으로 성취하는 데 대단한 기여를 했다.

인간들의 이런 위대한 창조 작업은 한 개인의 업적이 아니라 역사와 자연 그리고 인간이 진화하는 동안 서로 조화와 균형을 이루면서 협력한 결과라고 할 수 있다.

인간이 일을 할 수 있는 손을 가지고 있다 할지라도 만약 언어가 없었다면 창조 작업은 불가능했을 것이다. 창조 작업 내지 작업을 하기 위해 인간은 다른 사람들과 의사소통과 협력관계를 유지하면서 조화롭게 작업을 지금도 진행하고 있다.

인간이 언어의 통교과정에서 다른 사람을 이해할 수 없다면, 다른 사람들과의 협력관계를 유지할 수 없을 것이다. 사람들은 다른 사람들을 이해하기 위해선 자기 자신을 이해시킬 수 있는 언어를 소유하여야만 한다.

언어의 진화과정 속에서 언어를 창조하고 언어에 대한 음과 단어를 풍요롭게 만드는 작업의 주인공은 창조적 우리 인간들이다. 인간들은 새로운 사물을 발견할 때마다 그리고 다른 사람들과 이야기 나눔을 위해서 단어에 고유한 의미를 부여한다. 그러나 새로운 사물이 발견되고 생성될 때마다 사물에 이름을 명명하는 것만으로는 충분하지 않고 사물의 본질과 명칭을 기억하고 알아가는 과정이다.

어린이들은 자신의 감정을 좀 더 세련되게 표현하기 위해서 새로운 단어에 알맞는 정의를 내린다. 새로운 명칭과 단어에 대한 의미에 사람들은 서로 간의 동의를 필요로 한다. 그래야만 서로 이해와 통교가 가능하기 때문이다.

부모들은 단순하게 자녀와의 자유로운 대화를 위해서 자녀들에게 언어를 가르친다. 왜 어린이들에게 언어의 어순에 대한 정확성과 완전한 이해를 바라는 것은 무엇 때문인가? 이러한 질문에 답을 준다면 인간, 특히 어린이들의 생각들을 최대한 정확하게 표현하기 위해서일 것이다.

사실 언어는 한 종족, 한 민족, 한 집단 사람들이 위대하고 훌륭하게 발전하여 전개시킨 영적인 재산이다. 그래서 인간의 언어를 영적인 도구라고 말할 수 있다(Ramachandran, R., 1994).

우리들이 역사를 거슬러 올라가서 보아도 일반적인 현상으로 인간집단의 진화와 언어의 진화는 동시에 이루어졌다. 왜냐하면 언어는 그 시대를 통해 한 집단의 모든 것을 표현하는 양식이기 때문이고 한 집단이 다른 집단을 이해하지 못하는 현상은 자기들 사이에 대화하는 방식의 언어 활용에 대한 타협이 이루어지지 않았기 때문이다.

한국 어린이들이 사는 집단의 표현양식이 다른 나라에서 사는 어린이들 집단의 표현양식과 다르다면 그것은 서로 다른 언어를 사용하고 있기 때문이다. 어린이들은 자기 집단의 생활양식을 표현하기 위해 언어는 모국어로서 대단히 중요하다. 이해하지 못하는 음이나 언어들은 또래 친구들과의 의사소통을 방해하는 데 큰 장해물이 된다. 언어의 소통이 불가능하다.

어린이들은 아주 활동적으로 언어를 사용한다. 세밀한 음의 차이는 억양, 음의 리듬, 강약을 조절하면서 활용한다. 세대와 다른 세대를 지나며 어떻게 모든 집단은 자국 언어의 정확한 차이점과 억양들을 유지시켜 왔을까? 흥미로운 현상이다.

모든 집단은 자기들이 소유한 특별한 언어를 소유하고 각각의 소리를 완성하는 데 많은 노력을 했을 것이다. 언어의 완성이야말로 정말로 불가능한 일을 가능하도록 만든 인간의 지적 유산이며 모든 소리들을 언어로 만들기 위해서 어렵고도 끊임없는 연구를 지속했을 것이다.

모든 언어의 가장 밑바탕에는 어린이들만의 언어음이 저장되어 있다고 말할 수 있다. 어린이들은 자기 언어를 가지고 자신의 감정을 표현한다. 어린이들은 스스로 언어를 발달시켜야 하는 과업을 위해 자연적으로 만들어진 유기체 기관과 기능을 가지고 태어났다. 어린이들은 소리를 정확하게 듣는 그 자체만으로도 훌륭한 기능을 가졌다. 부모가 옆에 있을 때 어린이는 음악을 이해하며 음들의 미세한 차이점도 감지할 수 있지만, 외국어의 음들을 모방할 수는 없다. 왜냐하면 어린이들은 언어의 차이점들을 알아들을 수 없기 때문이다. 이러한 현상은 청각이 발달하지 않았기 때문만이 아니라 다른 어떤·무엇인가 다른 음을 수용할 수 있는 능력이 발달하지 않아서이다.

어린이들은 청각과 말하기를 위한 조직의 연결기관을 가지고 있다. 그렇기 때문에 음들이 말하는 소리들은 음기관의 조직에 의해 자신이 들었던 음을 똑같이 재생할 수 있다. 이러한 재생능력은 경이롭고 신기한 위대한 메커니즘이다.

사회적으로 가장 중요한 언어의 성실한 개발자이자 보호자는 어린이 자신이다. 모든 인간들은 자기 집단의 한계점을 표현하기 위해서 두 개의 국기를 가지고 있다고 할 수 있다. 하나는 자기 집단이 소속된 지역을 구분하는 경계선을 알리는 자국의 국기이고, 다른 국기는 각 집단 사람들이 통교하는 언어의 깃발이다.

이러한 측면에서 언어의 깃발은 어린이의 깃발이라고 말할 수 있다. 어린이들은 자기가 속해 있는 집단의 언어 수호자들이다. 언어는 사람과 함께 거래되어질 수 없는 전리품과 같은 것이다.

언어는 어린이들이 자기 집단의 삶과 그 집단에 소속된 사람들의 삶을 위해서도 중요한 언어적 정체성이 되고 또한 어린이들은 우리의 역사를 설명할 수 있는 중요한 업적과 공헌자이기도 하다. 도움을 주고 교육받아야 하는 미약한 존재인 어린이들이 열심히 언어를 학습하는 것은 아주 필요한 과제이다. 어린이들은 자기 존재를 정상화로 진화하기 위해서 준비된 환경 속에서 자신의 노력이 필요하며 언어도 진화 속에서 발달하고 있다.

4. 준비된 가정환경

자녀들의 정상적인 발달을 위해 부모들은 적절한 가정환경을 구성하여야 한다. 가정환경이 자녀들의 잠재력을 충분히 계발할 수 있도록 구성된다면 자녀뿐만 아니라 가족 구성원 전체와 상호작용이 긍정적으로 이루어질 수 있다. 자녀들을 위한 가정환경은 그들의 발달, 성장, 관심, 상호작용이 이루어질 수 있도록 정신적이고 물리적인 측면을 모두 고려해서 구성하여야 한다. 몬테소리는 자녀들을 위한 환경 구성을 다음과 같이 말한다(Montessori, M., 1970; 조성자 역, 1996).

- 가능하면 부모가 자녀 가까이에서 이야기하고 듣도록 환경을 구성하여야 한다. 예를 들어 엄마가 설거지할 때, 다림질할 때 옆에 함께 하면서 이야기한다면 매순간 상호작용을 할 수 있는 기회를 갖게 된다. 부모가 말하고 행하는 것을 보고 들을 수 있도록 허락한다.
- 자녀들이 가정에서 활용하는 모든 물건을 볼 수 있고 만질 수 있도록 허락하여야 한다. 자녀들은 자기가 본 것을 직접 만지고 조작하면서 감각을 발달시킨다. 자녀들은 자기 환경을 탐구하면서 자기 환경을 극복하고 독립심을 발달시키며 주변의 물건

을 자기 것으로 확보하려고 운동을 시도한다. 자녀들이 사용하는 모든 물건들은 그들의 발달 상태와 능력에 맞아야 한다는 사실을 고려한다. 예를 들면 교재·교구, 옷, 옷장, 이불, 의자, 침대, 식탁 등은 자녀들이 활용하기에 적합하여야 한다.

- 자녀들을 위한 환경이 준비되면 스스로 가구의 먼지를 털고 정리정돈하며 혼자서 옷을 입고 벗고 조용하게 안정된 분위기 속에서 자신을 신뢰하고 사랑하면서 자기 환경 속에 있는 사람들에게 사랑과 순종의 태도를 보일 것이다. 몬테소리는 자녀들의 발달에 맞지 않는 교재·교구를 제공하는 것은 준비된 환경, 준비된 교사의 본질을 왜곡하는 것이라고 말한다.
- 만약 부모가 지나친 의욕과 과잉된 목적을 강요한다면 자녀들은 즉시 실증과 권태로움을 느낀다. 억압하고 강요하는 부모가 아니라 안내해 주고 지도해 주면서 자녀가 필요로 할 때 부모의 역할을 수행한다.

5. 자녀들을 위한 훈육방법

- 부모가 훈육할 때 다시 한번 신중하게 생각하여야 한다.
- 훈육할 때 벌어질 결과를 예측하여야 한다.
- 해도 되는 것과 하면 안 되는 것을 분명히 제시하여야 한다.
- 훈육할 때 조심해야 할 사항들은 다음과 같다.

  자녀를 흥분시키지 말 것, 조용하고 안정적이며 진지하게 사랑하는 마음으로 무엇을 하지 말아야 하는지를 설명할 것, 해도 되는 것들, 즉 허락해도 되는 것을 행동과 말로써 대신해 줄 수 있다.

- 선택할 수 있는 기회를 주어야 한다.

  예 머리를 먼저 빗을까? 이를 먼저 닦을까?

  빨간 옷이 더 잘 어울릴까? 파란색의 옷이 더 잘 어울릴까?

- 가능하다면 언제든지 독립심과 책임감을 지도록 한다.

부모들은 늘 가르치는 사람으로 자녀들 앞에 등장하지만, 부모 스스로 생각하고 자신에게 다음과 같은 질문을 해볼 수 있다.

- 자녀들에게 우리의 기대를 반영할 수 있는 환경을 준비하고 제공하였는지?
- 자녀에게 풍부한 독립심을 키워주는 교재·교구, 탐색활동에 필요한 재료들을 제공해 주었는지?
- 자녀의 본성을 발견하고 존중해 주었는지, 아니면 일방적으로 따라오도록 명령하였는지?
- 부모로서 자녀들에게 존경받을 수 있는 행동을 하였는지?
- 자녀들을 독립적인 존재로 생각하였는지, 아니면 나의 소유물로 생각하였는지?
- 어린이들에게 작업의 완성 결과인 자동교육 단계를 이끌어 내도록 지속적이고 조심성 있게 훈련할 기회를 주었는지?
- 어린이들은 작업과정에서 반복적으로 연습하면서 작업결과로 인한 자신을 변화시키고 새로운 창의적 작업을 시작하기 위해 계획을 세운다. 반복하고 다시 반복하면서 자동교육을 이끌어 갔는지?
- 어린이들이 지속적으로 작업할 때 피드백을 주었는지?

어린이가 작업에 몰입하고 있는지, 정상적으로 하고 있는지를 모른다면 작업을 향상시킬 수 있는 방법을 알 수 없다.

- 어린이들에게 집중력, 시간, 몰입, 노력을 하도록 조언해 주고 있는지? 어린이들에게 현재 시간과 노력의 투자는 미래의 보장 수표이다.
- 올바른 방법으로 칭찬하고 있는지?
  격려와 칭찬은 어린이들을 격려하고 희망을 주며 용기를 주고, 다음 단계의 작업을 자율적으로 하도록 돕는 방법이다. 힌트는 칭찬하는 방법으로 구체적으로 칭찬할 것, 개인적으로 칭찬할 것, 칭찬할 이유가 있을 때만 칭찬할 것, 칭찬을 남용하지 말 것을 권고한다(Daniel Pink, 2009; 김주환 역, 2011).
- 어린이들을 칭찬할 때는 항상 작업에 입하는 태도, 노력의 중요성, 도전 그리고 열정적인 태도를 강조하는지?
  예 "네가 그런 것을 잘할 있다는 것은 대단한 일이야, 넌 무엇이든 할 수 있어! 넌 가능성이 많은 녀석이야. 훌륭해!"

자녀를 위한 부모들의 역할

Chapter 6

1. 자녀를 위한 부모들의 역할

부모들은 사랑이 가득한 가정의 분위기를 만들 수 있는 훌륭한 부모 되기가 우선적인 의무이다. 가정은 자녀가 욕구를 충족시키고 또한 다른 사람의 욕구 충족에 기여할 수 있는 가장 기본적인 가르침을 배우는 최초의 교육 장소이다. 생각해 보면, 가정은 자녀들의 미래 역할에 있어서 배우자, 인생파트너, 어머니, 아버지, 이모, 고모, 삼촌, 할머니, 할아버지, 또래 친구, 공동체 구성원들, 직장동료 그리고 세상 사람들과의 관계를 만들어가는 사회적 기술을 훈련하는 기초 학교이기도 하다.

가정은 자녀들을 양육하고 보호하는 장소이다. 자녀는 가정 안에서 자기들만의 발달 속도와 지지조건, 안내, 존중하는 마음을 가지게 됨으로써 보살피고 협력하는 관계를 배우며 경험하하게 된다.

사랑이 가득한 가정이라면 갈등으로부터 자유로워질 것이다. 자녀는 자신들의 욕구 충족이 중요하면 다른 모든 사람의 욕구도 중요하며 보호받아야 한다고 생각할 것이다. 자녀와 가족 구성원들이 원하는 것은 사랑하고 사랑받는 가정이다. 만약 우리 가정이 사랑을 주고받는 장소라면 자녀들은 자기들이 필요로 하는 삶 속으로 편안히 들어갈 것이다. 가족, 공동체, 국가 그리고 세계를 형성하는 자신들만의 공간을 주고받는 건강한 자아를 가정에서 학습하게 된다.

존중하는 부모, 존중하는 자녀는 부모와 자식의 관계를 사랑, 신뢰, 존중, 자신감으로 만들어가는 아름다운 모습이다. 부모들이 자녀와 함께 하는 존경과 협력관계는 모든 연령대의 자녀에게 적용되며 또한 가족의 성인 구성원들 간의 의사소통에도 효과적이다.

우리들은 인생의 대부분의 시간을 준비하는 데 활용하고 있다. 준비된 가정을 만든다는 것은 가족 구성원들의 안전과 편안함 그리고 각자 자기에게 맡겨진 사명감을 완성하기 위해서 자기 역할과 위치를 준비한다는 뜻이다.

유아기는 발달과업, 인격 형성, 독립심을 발달시켜 전인적 혹은 조화로운 삶을 살아가기 위한 기본적인 요소들을 안내하여 준비하는 시기이다. 부모들은 어린이들이 사회화 과정이나 영유아교육기관에서 생활하면서 얻어지는 사회적 경험과 같은 중요한 요소들을 아주 중요하게 고려하여야 한다. 사회적 경험은 가정 밖에서만 이루어지는 것이 아니라 가족 구성원들 사이에서 가장 기초적인 사회적 관계형성과 연결되기 때문에 가족 구성원들의 삶의 모습과 형태가 매우 중요하다.

어머니는 우선 가족 구성원들을 위해서 무엇이든 조건 없는 희생을 하면서 육체적·정신적 안전을 제공해 주려고 노력하고 자녀들에게 행동의 자유를 주며 즐겁게 생활하기를 희망한다. 다른 한편으로 자녀들도 가정에서는 자연스럽게 존경하는 훌륭한 어머니로서 관계를 유지하길 원할 것이다.

가족 구성원들을 위해서 가정의 질서를 준비하는 것은 중요하고 필요하다. 모든 가족 구성원들은 가정에서만 느낄 수 있는 따스한 사랑을 필요로 한다. 가족 구성원들은 가정에서 느끼는 사랑을 통해서 삶의 변화와 삶의 에너지를 경험할 수 있다.

모든 가족 구성원들은 세계를 돌아다니면서 승객을 나르고 격납고에 들어와 편안한 휴식을 취하는 비행기처럼 언제든지 편안하게 쉴 수 있는 가정을 원한다. 그러므로 부모는 그런 가정의 분위기를 준비해 주어야 한다.

모든 생명체들은 자기 방식의 보금자리를 가지고 있다. 가정은 마치 어미새가 새끼를 위해서 안전한 둥지를 준비하는 것과 같다. 모든 생명체들은 본능적으로, 즉 어미들은 새끼를 위해서 그전에 결코 경험하지 않은 어떤 일을 하게 되는데, 새들의 둥지, 거미들의 둥지, 바다 동물들의 둥지는 모두 자기 종족본능을 보존하기 위해 준비한 곳이다.

준비된 가정의 첫째 조건은 사랑의 분위기이다. 부모님의 진실한 사랑 안에서 생의 첫 시기를 경험하여야 한다. 인간의 가장 중요한 특성은 자신을 위한 보호와 욕구를 충족시키는 환경을 가져야 한다.

신생아의 존재는 단지 생물학적인 본능만 가지고 태어난 아주 무능력한 존재로서 누구·무엇을 정확하게 인지하지도 못하고, 어떤 형태도 변별하지 못한다.

준비된 가정은 자녀들의 애착 형성과 관계된다. 어린이는 사랑이 풍부한 사람들에게 애착을 가진다. 만약 그와 반대인 어린이가 사랑의 중심에 없고 가족의 관심이 없음을 인지하게 된다면 정상적인 발달과정에서 일탈할 것이다. 몬테소리는 어린이들의 일탈 행동은 대부분 가정에서 학습된 것이라고 말한다.

부모들은 자녀가 질서 속에서 발달할 수 있도록 준비하여야 한다. 자녀의 개성은 완전히 순수하지만, 사물과 환경에 집중할 수 없다면 인지 발달이 지연될 것이고, 자녀가 가정에서 경험한 것들은 성장과정에서 비정상적으로 나타날 것이다.

어린이의 기억 저장소에 있는 대부분의 인상들은 가정에서 일어난 인상을 기록한 것이다. 가정은 어린이들의 정신과 마음에 특별한 선물을 준비해 주어야 한다. 어린이들의 작업은 그들의 정신적 발달을 질서 있게 안내하는 협력자이고 실행자이다. 혼자 있을 때보다 함께 할 때 우리는 더 지혜로워질 수 있다. 현명하고 지혜로워질 수 있는 방법은 협력관계의 방법과 같다.

가정은 어린이들의 일상생활 습관과 가정문화를 준비하는 곳이다.

어린이들에게 가정은 가장 안전한 둥지이고 가장 순수한 사랑을 받아먹으면서 가족문화를 학습하여 훌륭한 습관을 들이는 최초의 교육 장소이다. 훌륭한 습관은 훌륭한 교사와 같은 역할을 한다.

2. 자녀들의 환경과 적응

모든 인간들은 지구 속에서 전-관계를 유지하면서 서로 협력하며 발달하고 성장하는 사회적 존재이다. 모든 인간은 세계 속에 한 종족, 세계 속에 한 민족, 세계 속에 한 사회를 형성하면서 살아간다. 인간 삶의 형태는 다양한 집단, 공동체로 나누어지는데, 각자는 특별한 공동체의 문화와 다양한 차이짐을 가지고 자신의 종족에 대한 분명과 문화를 창조하기 때문에 모든 인간들이 어떻게든 조화로운 균형을 유지하려고 한다.

인간 공동체라는 굴레 속에서 살아가는 우리들의 다양한 삶은 신비롭고 흥미로운 존재이다. 지구의 표면에 거주하는 인간은 열대와 온대 그리고 평화로운 평원과 사막과 같은 다양한 기후조건에도 불구하고 지구의 모든 영역에 존재하면서 자기의 우주적 사명감을 완성하려는 목적을 가지고 살아간다. 지구상의 모든 인간들은 각자 다른 문화양식을 가지고 자기들의 삶의 조건에 자신들을 자연스럽게 적응시켜 나간다. 인간처럼 강한 적응력을 가진 동물이 지구상에 또 존재할까? 바로 자신의 문화, 문명, 환경에 적응해 가는 인간의 지혜는 정말로 경이롭고 놀랍다.

한 가지 분명한 것은 모든 문명들은 정지상태에 있는 것이 아니라 지금 현재 지구는 운동(Motors)하면서 진화하고 있다는 사실이다. 인간들은 항상 더 훌륭한 삶의 조건과 편안한 삶의 질을 원하므로 어떤 조건에 익숙해지면 또 다른 형태의 질 높은 생존을 위한 환경을 만들어가고 적응한다. 인간은 적응과 동시에 항상 스스로 진화를 이끌어가는 강한 힘을 가지고 있다.

어린이들은 환경에 스스로 적응할 수 있는 능력이 없기 때문에 그들을 양육하는 사람들의 첫 번째 과제라고 할 수 있다. 부모가 자녀와의 관계에서 협력을 생존수단으로 생각한다면 자녀양육을 위한 목적을 성취할 수 있다. 부모는 자녀교육을 위해서 협력할 수 있는 기술을 개발하여야 한다. 부모-자녀 사이만이 아니라 지구에 생존하는 모든 생명체들은 생존을 위해서, 번식을 위해서, 진화를 위해서 협력기술을 본능적으로 자동 학습한다. 글로벌 시대의 문턱에서 평화로운 국제사회를 위한 협력관계, 생존하고 성공하기 위한 능력은 협력의 장점을 배우고 실행하는 방향으로 생각을 전환하여야 한다. 부모-자녀의 협력관계는 최고의 교육방법이 될 수 있다. 부모와 자녀의 건강한 생존방법과 생존관계가 협력적일 때 성공적인 효과를 이끌어 낼 수 있다. 우리들이 먼 길을 혼자 가면 빨리 갈 수 있지만 함께 가면 더 멀리 갈 수 있는 것과 같다.

인간은 놀랍게도 생물학적인 발달 단계마다 그 단계에 필요한 것을 성취하기 위해서 스스로 환경에 적응한다. 과학적 측면에서 이해한다면, 종의 특별한 특징을 결정짓는 동물의 경우와는 또 다른 측면에서 지혜로운 인간(Home Sapiens)이라는 특별한 위치와 역할 그리고 본능에 대한 이야기다.

현재 자녀들은 선조들의 세대와 또 부모들의 생활과는 전혀 다른 조건에서 살아간다. 소위 말해서 세대 간의 차이점 때문에 때로는 이해 정도에 불편함이 나타난다. 각자 다른 환경에 살고 문화가 다른 우리들은 좀 더 깊이 있게 생각해 본다면, 인간은 조건이 어떠하든 간에 자신이 처한 환경에 적응하며 훌륭한 삶을 영위할 수 있을까?를 항상 생각하게 된다.

어른들은 자기가 살아 온 익숙한 환경에서 벗어나 다른 조건에 자신들을 적응시킬 때 매우 큰 어려움을 느낀다. 신기한 것은 어린이는 자신이 살아가는 환경에 걸맞게 자신의 인간성을 창조할 수 있고 태어난 환경에 자신을 적응시킬 수 있는 힘을 내부에 가지고 있다. 성인보다 어린이들의 적응력이 더 강하다.

어린이는 자기 생활을 환경조건에 적응하여 쉽게 발전해 갈 수 있을 뿐만 아니라 자기가 속한 집단의 영성적이고 종교적이이며 문화적이고 정신적인 유산을 구체화하려고 노력한다.

어린이들은 자신이 속해 있는 인적 환경과 물리적 환경의 영향으로부터 새로운 것을 창조해 간다. 인간은 환경을 떠나서 인격 형성과 자아 정체성을 발달시킬 수 없을 뿐만 아니라 심지어 평화롭게 살 수조차 없다.

저자는 종종 우리 세계가 어른들과 어린이들이 함께 공존하며 살아가야 하는 자연적인 본성을 신이 창조한 것이라고 말하고 싶다.

어떤 창조주를 믿든 간에 분명한 것은, 신은 목적에 맞게 인간을 창조하였다는 것이다. 인간은 자신이 우연하게 존재할 수밖에 없는 존재라고 생각하고 자신의 환경이 어떠한 상황이든 간에 평화로울 수도 있으며 때로는 불행할 수도 있고 만족해 한다. 이러한 운명적인 환경 속에서 어린이들은 자신들의 삶을 시작한다. 몬테소리는 어린이들은 무조건 행복하고 평화롭게 살아갈 권리가 주어져야 한다고 1930년경부터 유럽을 순회하면서 평화교육학술대회에서 강조하였다(Montessori, M., 1970; 조성자 역, 1996).

부모들과 성인들이 만들어준 준비된 환경 속에 자신을 적응시켜 가는 과정에서 어린이들은 스스로 발전하고 창조해 나아간다. 인간처럼 적응력이 강한 존재가 또 있을까? 어린이들의 적응과정을 염려한다면, 부모와 어른 그리고 어린이 사이에 존재하는 관계성을 이해하여야 한다. 만약 어린이가 자기가 처한 환경에 적응하지 못한다면 인간성을 변화시킬 수 없고 평화롭게 살 수도 없으며 다른 조건하에서는 더더욱 만족할 수 없을 것이다. 어린이들이 자기 환경에 만족하면서 적응력을 키워간다면 자율적, 독립적, 창조적 활동, 인간적인 성취감으로 인해서 긍정적으로 자기만의 삶에 방법을 만들어 갈 것이다.

교육자들은 인간성을 형성하는 데 필요한 기능을 두 가지로 구분한다. 하나의 기능은 양육자와 교사이고, 다른 하나는 부모이다. 어린이는 태어날 때부터 선천적으로 잠재능력을 가지고 있다. 무능력한 어린이들은 물리적·인적 환경에 의존하면서 인간성을 형성하고 잠재능력을 계발해 간다.

어린이들은 성인과 많은 차이점이 있다. 어린이는 어른들이 익숙해 하는 것들을 원하지 않는다. 어른들이 진실되고 참된 모습으로 살아가도록 안내하는 힘을 어린이는 이미 가지고 있다. 몬테소리가 어린이는 인간의 어버이고 스승이라는 신념이 바로 이런 의미이다. 어른들과는 다르게 진실되고 놀라운 창조적 능력을 가지고 있다.

반대로 만약 어린이가 어른이 지닌 고유한 특징을 형성하지 못한다면 어른이 되어서도 스스로 자신의 일을 수행할 수가 없을 것이다. 예를 들어 인간이 말하는 언어를 고려해 볼 수 있다. 어른들은 새로운 언어를 배우거나 습득하려는 지적 능력이 있다. 어른들은 새로 태어난 신생아들보다는 훨씬 유리한 점이 많고 말로 표현할 수 있는 언어를 이미 가지고 있기 때문에 다른 사람들과 자연스럽게 대화할 수 있으나 신생아는 새로운 언어를 배워야만 한다.

어린이들은 살아가면서 단순하게 자기의 환경 속에서 모국어를 습득하게 된다. 모국어는 자기가 태어난 곳에서 학습된 언어이다. 어린이는 철저히 혼자서 환경과 상호작용을 하면서 스스로 언어를 배우 나간다. 탄생과 더불어 자기 주변에서 들려오는 말소리와 단어들 그리고 자연의 소리에 관심을 갖게 된다. 어린이들에게 들리는 모든 소리들은 이전에 한 번도 들어 본 경험이 없는 새로운 소리이다. 새로운 소리들의 의미를 다시 떠올리며 이 작은 어린이는 소리들이 내포하고 있는 의미와 함께 소리를 연결시킨다. 어린이들은 환경에 적응하려고 노력하는 가운데 듣는 소리를 습득할 수가 있다.

어린이들의 듣기는 다음 발달 단계에서 언어를 활용하는 특별한 집단에 소속되어 정체성을 발달시킨다. 어른들은 외국어를 모국어처럼 완벽하게 구사할 수 없지만, 어린이들은 환경이 주어지면 외국어를 모국어처럼 구사할 수 있는 언어적 구조에 적응해 가는 존재다.

어린이들은 환경에서 일반적으로 사용하는 언어와 말하는 것을 듣지 않으면 언어 습득이 불가능하다. 어린이들은 세 살까지 새로운 언어를 배우며 말을 구사한다. 어린이들은 언어 습득을 위해서 환경 속에서 간단한 사물과 사물 카드 그리고 교사들이 필요하다. 어린이들은 교육으로 학습한 언어보다 환경 속에서 흡수한 언어를 더 정확하게 기억하고 활용한다.

몬테소리는 어린이들에게 언어를 가르쳐서 습득하기보다는 언어를 위한 준비된 환경을 제공하여 그들의 내면에 잠재해 있는 언어적 능력을 창조하고 계발할 수 있도록 도우라고 말한다. 인간의 타고난 네뷸러인 특성을 정착시키고 언어의 특징을 정착시키는 것은 바로 어린이 자신들이다. 어린이들을 관심 있게 관찰하고 연구해 보면 우리는 어린이들이 어른으로 성장해 가는 과정에서 특유의 특징을 계발하는 특별한 능력을 소유하고 있음을 알 수 있다. 어린이들은 유능한 과학자이고 설계자이며 창조자이다.

어린이들은 특별한 언어의 민감기를 가지고 있다. 어린이들은 이러한 여러 종류의 민감기를 통해서 어른의 특성으로 육화, 인간화, 사회화로 안내되고 진화한다.

어린이들은 발달 단계에서 나타나는 특별한 특징을 반복적으로 학습하는 동안 학습능력은 지속적으로 발달한다. 한 가지 민감기가 사라지면, 한 가지 발달 특성이 학습되어지고 이미 학습된 능력은 사라진다. 어린이들은 다른 특징을 습득하기 위해 또 다른 능력을 학습하게 된다.

부모들은 종종 어린이들의 이야기를 들으면서 정말로 신기하고 놀라움을 느낄 때가 있는데, 어린이들이 하는 것을 어른들은 할 수 없다. 어린이들과 어른들은 여러 가지 측면에서 차이점이 있다.

어린이들에게는 활동과정에서 다양한 배움의 기회가 주어진다. 어린이는 새롭게 설계하여 창조할 수 있는 가능성을 가지고 있다.

몬테소리는 "어린이는 인간의 건축가이고 인간의 아버지이다."라고 말했다((Montessori, M., 1952; 조성자 역, 1996).

어린이의 생활은 항상 도전하면서 스트레스를 받는 것같은 반면, 하나씩 무엇인가를 새롭게 창조하고 작업할 때마다 행복감을 느낀다. 어린이와 환경은 끊임없이 협력관계를 이루어 가고 있다. 어린이는 환경을 창조할 때 질서와 규칙을 지킨다. 이러한 질서와 규칙은 어린이 자신의 인간성을 변화시키는 데 위대한 공헌을 하는 강한 힘과 에너지가 된다.

어린이들은 태아기, 신생아, 영아기인 아주 어릴 때부터 자기를 에워싸고 있는 환경 속에서 듣고 말하는 소리를 경험한다. 대도시, 공장지역, 철도역, 비행장 근처와 같은 도시에 살고 있는 어린이는 주변에서 많은 소음을 들을 수 있다. 이러한 모든 소음들 가운데 특별한 말소리와 다른 자연의 소리들을 만들어내는 변형된 소리를 변별할 수 있는 능력이 후에 발달한다. 어린이들은 호루라기 소리, 바람 소리, 피리 소리, 피아노 소리 등은 매우 큰 굉음이나 말소리를 만드는 특별한 소리를 변별할 수 있게 한다.

3. 어린이들의 작업에 대한 욕구

어린이들의 활동은 본능적이고 자연적이며 창조적이고 독립적이기 때문에 그 누구도 방해할 수 없는 특성을 가지고 있다. 어린이들은 작업하는 특성이 발달하면서 새로운 제2의 본성을 만들어 가는지도 모른다. 어린이가 준비된 환경에 자유로워질 때 혹은 자유롭게 작업할 수 있을 때 그들은 창조적 활동을 만들어 가는 경향이 있으며, 정확한 목표의식을 가지고 작업을 구성하기 시작한다. 어린이들은 자기 작업에 몰입하면서 작업을 완성할 때까지 집중하는 성향이 있다. 이러한 집중력은 작업을 발전시키고 작업을 성공적으로 완성하는데 어린이들에게 절대적으로 필요한 정신 작용이다.

어린이들이 작업에 스스로 집중할 수 있는 것은 지극히 논리적인 일이다. 갈렌스키는 어린이들이 작업에 집중한다는 것은 자기 몸을 통한 표현이며 근육이 움직이고 있는 현상이고 사물에 초점을 맞추어 사물과 사물 사이에 연관 짓기를 시작하는 것이라고 말한다(Gallensky, E., 2010).

반대로 성인들의 작업은 마음의 움직임에 의해 또한 활동에 의해 자기 마음을 자극해 시작하여야 한다. 대화 역시 마찬가지다. 자기 일을 하면서 자기의 이야기와 대화 그리고 생각을 나누면서 서로 통교하는 언어를 사용한다.

어린이는 움직임을 조절하고 재구성하면서 자기 몸과 더불어 자기의 마음과 정신을 자유롭게 표현한다. 사실은 인류의 창조적 업적과 과업을 생각해 보면 모든 것이 작업에 의해서 이루어졌음을 발견할 수 있다. 인간은 호모 사피엔스(Homo Sapiens)이기 때문에 지적 존재이다. 대부분 움직이는 사람들은 자기 나름대로 무엇인가를 창조하기 위해서다. 훌륭한 결과이든, 실패한 결과이든 처음 시작은 창조를 위한 작업이었다.

움직이지 않으면 창조적 생산품이 나올 수 없다. 인간은 지능으로 작업을 한다. 어린이는 자연스럽게 작업을 연습하고 반복하면서 우리에게 작업 본능을 보여준다.

어른들은 보통 어린이가 자기 엄마의 도움을 받고 품속에서 안전하게 양육되기를 원한다고 생각하면서 자녀들이 성장하는 과정에서 일어나는 가장 크고 작은 원인과 요인을 대부분 인지하지 못한다. 어린이들은 활동하고 움직일 수 있는 자유가 주어졌을 때 자기들의 잠재능력을 최대한 발휘할 수 있는 정신작용을 활발하게 이끌어가는 특성을 나타낸다.

어린이들은 가능한 한 도움을 받지 않고 혼자서 작업을 독립적으로 해보려 노력한다. 이때 어린이들의 외침은 "나 스스로 할 수 있도록 도와주세요."라고 몬테소리의 금언을 강하게 부르짖는다. 바로 작업의 욕구이다.

어린이들이 가지고 태어난 선험적 본성을 독립적으로 드러내고 발견하며 발달시킬 수 있도록 안내해 주고 도와주는 일은 바로 부모들의 위대한 과업이다. 독립적인 활동 없이는 개인의 잠재적 능력과 기능을 발달시킬 수 없다.

종종 어린이들에게 혼자서 사물에 몰입하고 탐색할 수 있는 시간을 갖도록 자유를 주어야 하고 부모의 도움 없이 혼자 활동하도록 자유롭게 놓아 둘 때 어린이들은 독립심과 자율성을 스스로 터득하게 된다. 방관과는 다른 차원이다.

어린이들이 성장하고 발달하기 위해서 독립적으로 활동하는 것은 독립의 1단계에서 그 다음 높은 독립심의 단계로 발전하는 활동이다. 독립적으로 활동하려는 현상은 어린이들이 자기 본성을 드러내는 것이다. 실제적으로 신생아는 임마로부터 태어나는 것 자체가 독립의 첫 번째 경험이다. 태어나기 전에 숨을 쉬는 사람도, 피를 순환시켜 주어 태아의 순환기능을 가능하도록 협력하는 것도 엄마다. 태어난 후에 신생아는 혼자서 모든 기능을 수행하여야 한다. 처음으로 신생아는 폐와 소화 기능의 움직임을 시작하고 독립적으로 기능하는 경험을 하게 된다. 이런 독립심의 기능과 훈련과정을 통해서 어린이는 독립적으로 삶을 살아가야 하는 책임감이 주어진다.

인간은 노력에 의해 환경을 극복하고 학습이 가능하다. 우리는 신생아가 태어났을 때 "불쌍한 녀석, 너는 이제 스스로 숨을 쉬어야 하고, 이 험난한 세상을 혼자서 살아가야 해."라고 말하기보다는 "우리들이 기다리던 사랑스런 자식이 태어났어, 너무 행복해."라고 만족해 한다.

신생아는 본능적인 입장에서 엄마로부터 생존을 위한 영양분을 필요로 한다. 엄마가 아프면 신생아도 아프다. 예전에는 엄마가 죽으면 신생아가 음식물이 넉넉지 않고 맞지 않아 흔한 일은 아니지만 죽음의 위기를 맞이하는 경우도 종종 있었다. 현재는 모든 상황이 달라졌다.

신생아는 더 이상 엄마에게 의지하지 않고 스스로 독립적으로 생활할 수 있는 능력이 발달했다. 치아가 나타나기 시작하고, 위액이 처음으로 위에서 나온다. 신생아들은 독립심을 발달시키는 과정이기 때문에 인내하면서 모든 과정에 적응한다. 신생아들은 자신이 무엇인가 소화할 수 있을 때 모든 것을 먹는다. 만약 엄마가 아프다면 영아들은 적절하게 건강을 유지할 수 있는 정도로 독립적으로 생활을 이끌어 간다. 우선 치아가 솟아나기 때문에 이유식이 가능하다.

영아들은 무엇 혹은 어떤 것에 의존하면서 생활을 유지할까? 영아들은 어떻게 자신을 표현할지 모르기 때문에 영아들의 요구를 해석하기는 힘들다. 우리는 영아들이 왜 우는지 물을 수 없다. 단지 배가 고픈가? 아픈가?, 배변 때문에 몸이 청결하지 못해서 그럴까? 양육자들은 영아들의 표현을 정확하게 해석하려고 노력한다. 만약에 영아가 자신을 표현하기 시작한다면 좀 더 발전된 상태이다. 영아는 오랫동안 혼자서 움직이지 못한다. 영아들은 누군가가 옮겨주고, 그를 유모차에 올려줄 사람이 필요하다.

영아들에게 발달과 성장은 완벽하게 독립적으로 개인의 기능을 촉진하여 극복하는 것이다. 영아들은 발달을 진행하면서 어른들에게 도움을 받지 않는 방법을 찾고 사회적 표현과 사회적 삶을 스스로 극복하려고 자신을 위해 노력한다. 이러한 노력은 성장을 위한 또 다른 단계이다. 누구든 노력이란 무엇인가에서 스스로 극복하며 본성을 발달시키는 자신만의 무기이다. 영아들은 새로운 발달 단계에 도달하면 항상 추가적인 책임감을 가진다. 영아들의 생활패턴은 아무것도 하지 못하는 무능력하고 게으른 사람이 아니라 쉬지 않고 항상 무엇인가를 더 하려고 움직이는 작업 본성을 가지고 있다.

어린이들은 자기 발달과 자기 극복을 위한 노력을 늦추지 않고 좀 더 어려운 극복을 다시 시도한다. 어린이들은 유능하고 부지런한 활동가가 되려는 본성을 가지고 있고 혼자서 일을 처리하고 극복하여 성인으로부터 독립하려는 아주 건강한 정신적 존재이다. 어린이는 인간의 어버이고, 스승의 역할까지도 한다.

어린이들은 살아 나가는 방법을 스스로 터득한다. 부모들은 어린이들이 자기들의 도움 없이 무엇이든 원하는 것을 표현하도록 도와주어야 하고 어린이들이 독립을 성취하도록 도와주어야 한다.

부모들은 어린이가 노력과 경험에 의해 독립심을 발달시키기를 원하면, 다양한 경험을 하도록 어린이를 도와줘야 하고 자녀가 한 인간으로 성장하기를 원한다면, 자녀를 위해 일하며 조직하는 사람이 되어야 한다. 부모들은 자녀들이 삶을 긍정적으로 발달시키기 위해서 노력하도록 적극적으로 격려하여야 한다.

어린이들은 준비된 환경과 조건 속에서 작업을 즐긴다. 준비된 환경과 적당한 조건에서 어린이는 본능적으로 탐색하려 하고 노력한다. 부모는 어린이에게 알맞은 환경을 준비하고, 어린이는 그 환경 속에서 얻어지는 경험을 통해서 자신을 실험할 수 있는 조건과 활동의 의미를 제공받게 된다. 부모들은 자녀들에게 자연적 가능성을 확장시킬 수 있도록 자유를 주어야 한다.

어린이들은 자유로움 속에서 스스로 정확하게 감각을 발달시키고 감각활동을 즐기는 현상을 보인다. 어린이는 지속적으로 연습을 계속함으로써 자기 작업과 행동의 세련된 숙련공이 된다. 어린이는 능동적인 활동을 통해서 본능에 순응하는 방법을 배우고 성장하면서 진화과정의 길을 걸어간다.

4. 어린이들의 감각 발달과 지능 발달의 한계

대부분의 양육자들은 어린이들의 감각운동 환경에 관심을 가지고 작업과 연결시킨다. 어린이들은 눈부신 색깔들, 들을 수 있는 소리들, 접촉할 수 있는 모든 것에 접촉하면서 모든 것에 관심을 갖고 타고난 감각기관을 활용한다. 어린이들은 끊임없이 움직이며 발달단계에서 0~6세는 감각운동기에 해당된다. 가장 많이 움직이는 시기를 감각운동기라고 말한다. 몬테소리는 어린이들이 감각과 운동을 매개로 환경과 접촉하고 환경 속에 있는 모든 사물과 사람을 흡수하는 것이 필요하다는 사실은 의심할 여지가 없다고 말한다. 즉, 어린이들은 흡수정신을 통해서 사물과 상호작용을 하게 된다. 어린이들은 환경을 이해하고 파악하기 위해 실제적으로 자신의 지식과 감각들이 환경과 더불어 활동적인 것에 초점 맞추기를 시작한다(Edward, M., Hallowell, M. D., Jhon, J., & Ratey, M. D., 2006).

민감기와 감각운동기에 중요한 것은 양육자들이 이 시기에 어린이들에게 도움을 줄 수 있는 환경과 활동을 자유롭게 할 수 있도록 인적·물리적 환경을 제공하는 것이다. 준비된 환경은 어린이들의 감각훈련을 활성화하는 역할을 한다. 환경 속에 있는 교재·교구와 같은 구체물은 어린이들의 활동과 운동에 촉진제가 된다. 어린이들에게 활동과 운동은 그들의 정신력을 최대한으로 확장시켜 집중력을 강화한다. 어린이들의 집중력과 관심 그리고 인지작용의 극대화는 구체물을 통해서 최고의 시간을 즐기면서 향상된다.

어린이들의 5가지 감각기관인 청각, 미각, 후각, 촉각 시각은 감각작용의 차이점을 귀, 혀, 코, 피부와 같은 기관들을 통해서 분류와 변별력을 돕는다. 어린이의 외부 세계와의 접촉은 일반적으로 사물과 어린이의 외재적 동기 부여를 하는 기계적인 관점에서 고려하여야 한다.

예를 들면 어린이들이 손으로 구체물을 집어 들고 감각적인 방법으로 자기의 감각을 이용하여 외부 세계의 인상을 받아들인다. 어린이들은 환경 속에 무수한 다량의 자극들이 있음에도 불구하고 언어를 우선적으로 받아들인다.

어린이들을 분석해 보면, 어린이들의 지능은 자신들을 둘러싸고 있는 모든 자극들이 모여 있는 저장물품들 사이에서 변별할 수 있는 변별능력이 발단했다는 증거이다. 어린이는 환경 속에 있는 모든 사물, 사람들과 상호작용하면서 새로운 정보를 받아들여 지식을 구성해 간다.

어린이들의 시각은 시력을 활용하여 색상감각, 크기, 높이 등과 같은 사물의 외형 모습을 받아들인다. 시력으로부터 얻어지는 이러한 특별한 감각들은 소위 색채감이라 불리는 감각그룹이 형성되고 색채감은 감각과 연결되어 있다. 색채감은 어떤 종류의 색상이든 모두 통제할 수 있다.

우리가 환경으로부터 받아들일 수 있는 감각들의 양을 본능 그 자체로 제한한다는 점은 흥미로운 일이다. 햇빛은 다양한 광선들을 만들어 내고 다양한 광선들은 다른 색상들의 감각을 만들어 낸다. 반면 어린이들은 햇빛이 만들어 내는 색상들의 모든 놀라움 중에서 단지 한 부분만을 볼 수 있다.

청각은 소리로 받아들인다. 모든 소리들 중 단지 한 부분이 만들어 내는 것은 청각작용에 의한 것이다. 청각기능을 설명하는 것은 의학적 기능이기 때문에 어려운 일이지만, 만약 모든 음의 높낮이가 한 옥타브(8개의 음정)로 측정되어질 수 있도록 인지되어진다면 아주 간단하다. 우리가 듣는 소리는 6개의 옥타브로 색상만큼이나 다양하여 6번씩 측정하겠지만 색상은 제한되어 있다. 인간은 어떤 제한 속에서 외부 세계와 연관되어 위치하고 있다.

또 다른 시감각그룹도 이런 방식으로 요소의 한 부분으로 모양을 이루고 또 다른 그룹은 크기를 이룬다. 우리는 형태가 더 작거나 크거나 다른 물체들의 크기와 모양의 차이를 인지한다. 따라서 시·지각들에 관해 이야기할 때 다른 많은 것들을 이야기할 수 있다. 시·지각들은 색채군, 크기군, 형태군인 3부분으로 다시 세분화되어질 수 있다(Ramachandran, R., 1994).

촉각 역시 다른 중요한 감각기능들과 같다. 촉각은 물체와 접촉하여 처음으로 느껴지는 느낌을 한 번에 받아들이는 감각이다. 피부의 어떤 부분들, 예를 들면 손끝은 촉각에 매우 민감하다. 움직임으로 누르는 정도에 따라서 촉각과 압각 사이는 분명한 차이점이 있다.

누군가 한 사람이 손바닥으로 어린이를 찰싹 때렸다면, 그것은 닿는 것이 아니라 접촉이다. 단지 가볍게 자기 손가락 끝을 자기 왼손 위에 살짝 닿은 것조차도 본인이 무게로 누르는 압력을 가진다. 피부를 통해서 우리는 온감각과 같은 또 다른 감각들을 구별할 수 있다. 이런 서로 다른 감각그룹들의 한 부분인 것이 피부의 다른 말초신경을 통해서 연구되었다. 만지는 감각(The sense of touch)을 촉각이라고 부르며 기압계 감각이라고 불리는 압력과 접촉하는 능력이다. 우리가 온도 차이를 변별하는 능력을 열량감이라고 부른다.

눈은 보기 위해서만 열려있지 않다. 사물을 알아볼 수 없는 시각장애자는 각자 다른 감각그룹 또는 종류가 있다. 시각장애의 감각은 다른 종류의 감각이 대부분의 시력을 대체할 수 있도록 발달된다. 시각장애자들은 병뚜껑을 가지고 납작한 과자라고 말할 수도 있고 손으로 사람들의 얼굴을 접촉함으로써 누구인지를 인식할 수 있다.

시각장애자들의 이러한 감각은 도대체 무엇·어떤 것일까?

이러한 감각은 촉각도 아니고 압각도 아니다. 다른 종류의 감각은 이런 모든 것을 정확하게 변별할 수 있다. 다른 종류의 감각은 사실 촉각의 복합체이고 신체의 근육감이라고 할 수 있다. 근육감은 다른 측면에서 운동감과 일치된다.

만약 우리가 막대기를 들고 전체적인 길이를 손으로 두 번 또는 세 번씩 감각적으로 느낀다면, 우리는 막대를 잘 기억하고 눈으로 길이를 정확하게 재현하기 위해서 막대의 길이, 크기를 감각적으로 느낀다. 평형상태 자체는 근육감의 한 형태이다. 만약 우리가 근육감을 가지고 있지 않다면, 우리는 움직일 수 없을 뿐만 아니라 새로운 움직임을 시도할 수 없다. 사람이 만들 수 있는 능력, 즉 모든 새로운 움직임들은 근육 발달과 연관되어 있으므로 유아기의 소·대근육 운동은 매우 중요하다.

손으로 2개의 사물을 잡고 있을 때 단지 아무것도 없는 촉각이라고 말한다. 손으로 모든 물체를 만지는 데 필요한 다른 움직임들로 인해 그 물체들의 크기가 다름을 인식하게 된다. 우리가 이러한 움직임들을 복잡하게 작용할 때 그 사물들을 정확하게 인식할 수 있게 되고 조화로움을 느끼는 조화감을 입체 영지감(stereognostic sense)이라고 부른다(Ramachandran, R., 1994).

실제로 단순하게 생각하면, 감각은 많은 노력 없이 감각만으로 환경 속 물질을 가지고 우리들의 지식을 구성할 수 있도록 돕는다. 지식은 선천적인 것이 아니라 인간의 노력에 의해서 얻어지는 것이다. 사람의 지식을 형성하는 것은 환경으로부터 받아들이는 실제적인 감각에 기초하고 있다.

철학적인 측면에서 감각론자와 경험론자들인 대부분의 학자들은 감각에 근거하지 않은 지식은 아무것도 없다고 확언할 때 이미 감각이 지식을 만든다는 사실을 알고 있었다.

이러한 감각들은 지식을 구성할 때 지각작용이라는 커다란 대문을 통과해야 하기 때문에 몬테소리는 어린이들의 감각 발달을 중요시했고 감각을 총체적으로 이해하는 것은 중요하다고 말한다(조성자, 2011).

감각들이 지식을 구성할 때 외부 세계에서 일어나는 다양하게 얽매인 관계들은 중요하다. 예를 들면 외부 세계로부터 주어진 감각을 받아들이는데, 감각능력을 부여하는 기술이 제한된 인간의 능력으로 이해하기에는 무엇인가 알지 못하고, 잘못 이해해서 부정확한 지식이나 영원히 알지 못하는 미스테리로 남아 있을 수 있다. 우리들의 감각으로 받아들인 것을 모두 자기 지식으로 만든다면 우리 인간들은 모두 천재가 될 수 있겠으나 감각만으로 완전한 지식이 되는 것은 아니고 감각으로 얻은 정보를 자신이 환경과 상호작용하면서 노력하는 위대한 과제를 수행하여야 한다.

후각과 미각은 생장능력이 있는 생리학적 활동과 밀접하게 연관되어 있다. 어린이들이 음식을 섭취할 때 후각과 미각은 서로 연관된 직업적인 역할을 한다. 환경의 위험으로부터 후각과 미각은 중요한 역할을 한다.

후각을 담당하는 코는 다양한 냄새를 분별한다. 냄새가 불결한지 향긋한지에 따라서 어린이들의 기분이 달라질 수 있다. 예를 들면 어린이들이 밖에 외출했다가 방안으로 들어갔을 때 불결한 공기의 냄새를 맡을 수 있다. 그것은 우리의 생리학상의 신체방어에 있어 후 감각으로부터 일어나는 경고장이다.

어린이들 물론 성인들도 생명을 보존·유지하기 위해서 필요한 음식 먹으면서 미각과 후각을 자극한다. 이러한 후각 역시 인지를 발달시키는 데 필요한 요소들이다. 후각을 통해서 신체에 음식의 필요성을 뇌로 전달하고 어린이들에게 후각과 미각을 통해 음식을 찾아 움직이게 만든다. 혀의 역할은 음식이 입안으로 들어와 위로 통과하는 동안 활동하도록 만든다.

어린이들이 음식을 먹는데 만족스럽고 행복하게 만드는 감각은 후각이다. 우리들이 많은 음식을 즐기는 것은 맛있는 냄새를 좋아하기 때문이다. 코의 후각은 우리의 식욕을 왕성하게 자극하여 냄새를 맡고 "와 맛있는 음식이다!"라고 말하도록 만든다.

공기는 코를 거쳐 통과하기 때문에 코는 우리가 숨 쉬는 공기를 조절한다. 음식 맛, 부패한 맛, 향기, 향수 비누, 파우더, 립스틱 등 코는 모든 종류의 냄새를 정확하게 찾아내는 신기한 기능을 한다.

만약 인간 지능이 생물학적인 후각이나 미각만큼이나 발달되어진다면 성인들과 어린이들은 거의 천재수준에 이르는 놀라운 지적 발달이 이루어질 것이다.

부모들이 어린이들의 감각을 움직이도록 만들지 않으면, 그들의 지능은 항상 잠자는 게으른 거북이와 같다. 어린이들은 지금도 잠자는 지능을 일깨워 발달시키고 자각시키기 위해서 끊임없이 감각작용이 일어나도록 움직여야 한다. 인간은 감각 없이 지능이 발달할 수 없고 인간의 몸은 움직임 없이 자유로워질 수 없다.

어린이들은 엔진을 켜 놓은 자동차처럼 본능적으로 움직이는 존재이다. 어린이들에게 주어진 우주적 사명감을 완성하기 위해서는 인지가 발달하여야 한다. 부모들이 가정에서 어린이들이 볼 수 있고 만질 수 있으며 냄새 맡을 수 있고 들을 수 있는 환경을 구성해 준다면, 어린이 스스로 감각운동을 할 수 있는 능력을 가지고 태어났기 때문에 끊임없이 움직일 것이다.

5. 선천적이 아닌 훈련하는 삶의 기술들

어떤 어린이도 출생과 더불어 걷고 수저를 들고 밥 먹는 능력을 가지고 태어나지는 않았다. 인간이 출생과 더불어 할 수 있는 일이란, 단지 본능적인 기능들만의 발달이다. 영재라 할지라도 모든 유전인자들은 후천적으로 발달시킨다. 예를 들면 영재 어린이라 할지라도 물을 흘리지 않고는 단숨에 컵에 따를 수는 없다.

몬테소리 교실에서 살아가는 데 가장 중요한 일상적인 기술은 일상 영역에서 예습하게 된다. 기술은 습득되는 것이지 타고나는 것은 아니다. 심지어 성인들이 능수능란하게 할 수 있는 여러 가지 기술들까지도 여러 번의 훈련을 통해서 습득되어진 것이다. 그럼에도 불구하고 성인들마저도 종종 실수를 해 후회하거나 화를 낸다. 자녀들이 삶에 필요한 기술들을 발달시키고 연마하기 위해서는 인내심과 더불어 지켜봐 주고 관찰하는 것이 필요하다.

자녀들의 행동을 재촉하기보다는 잠재력을 외부로 드러내어 활용할 수 있는 시간을 인내하며 기다려주어야 한다. 자녀들의 무한한 잠재력을 스스로 계발해 가는 과정에서 용기를 주고 환경을 만들어 주며 탐색할 기회를 주려고 노력해야 한다.

뇌 연구들은 어린이들의 반복활동이 뇌세포 간의 연결고리를 튼튼하고 건강하게 해 준다는 사실을 증명하였다(Nelsen, J., 2000). 이러한 연구는 어린이들의 기술 발달과도 직접적인 관계를 가진다. 원에서 어린이들이 처음 밥 먹는 것을 연습할 때 수저를 들고 수차례 눈과 머리로 가져가는 시행착오를 겪고서 밥을 입으로 가져가는 것을 본다. 밥 먹는 기술을 자연스럽게 할 수 있을 때까지 반복훈련이 필요하다. 어린이의 뇌는 손가락과 근육을 이용하여 숟가락을 잡고 만지작거리며 눈으로 거리를 측정하는 반복 행동을 통해서 새로운 뇌세포 간의 연결고리를 만들어내면서 결국 밥 먹는 기술을 숙달시킨다.

뇌 연구가들이 언급한 것처럼 인간의 경험과 지식은 서로 분리되어 뒤엉켜 있지 않다는 사실을 알게 해 주었다. 서로서로 협력관계를 통해서 연결해 주고 증가시켜 준다.

만약 부모가 자녀들에게 무언가 새로운 것을 가르치려고 할 때 단계적으로 시범을 보이면서 그가 습득할 때까지 기술을 연마할 수 있게 해 주고 동시에 충분히 연습할 수 있는 수많은 기회를 제공해 준다면 부모는 자녀들에게 자신감과 만족감 그리고 자율성을 형성할 수 있는 기회를 선물하게 된다.

부모로서 자녀들의 능력을 밖으로 이끌어 내는 것이 무엇보다 중요하다. 기술을 배우는 과정은 엎지르고 흘리며 부수고 망가트리는 기회를 많이 경험했을 때 정확하게 배울 수 있다. 자녀가 아침에 밥을 먹을 때 숟가락으로 밥을 떠서 반찬과 함께 밥을 먹는 일반적인 활동을 생각해 볼 수 있다. 자녀들에게 작은 성취감을 경험할 수 있도록 도와주기 위해 작업을 수정하는 것도 교육이 된다.

자녀에게 밥 먹는 기술을 가르치기 위해서 자율적으로 연습하고 새로운 기술을 배울 수 있도록 부모가 밥그릇을 잡아 고정시키고 있다면 밥 먹는 기술을 자연스럽게 가르치는 방법이 된다.

자녀와 함께 옷을 벗어 옷걸이에 거는 방법과 옷을 다시 입는 방법을 시범으로 보여주면서 여러 번 반복한다면 옷을 입고 벗는 기술을 터득할 수 있게 한다. 자녀가 옷을 입고 벗는 방법과 기술을 터득하도록 아낌없이 격려해 준다면, 자녀는 다음 단계의 다른 기술훈련을 즐거운 마음으로 수행할 것이다.

부모들이 자녀에게 기술훈련을 제공할 때 아래 사항을 고려할 수 있다.

- 훈련할 기술 사항을 미리 계획하기, 만약에 자녀가 지독히 싫어하여 저항할 수 있다는 예상도 할 수 있다.
- 계획하는 과정에서 자녀를 반드시 참여시키기
- 제한된 선택사항을 제공하기
- 생각을 유도하고 호기심을 가질 수 있는 질문하기
- 존엄하고 존경하며 서로 협력한다는 마음을 느끼도록 하기

Part 2
훌륭한 몬테소리 어린이로 양육하기

가정 안에서 자녀와 함께 몬테소리교육

Chapter 7

자녀들을 위한 가정환경 구성은 우선적으로 의식주가 해결되어야 한다. 그리고 모든 영역이 자녀들의 일상생활과 직접 연결되어야 한다. 물론 어른들을 위한 가정환경, 어린이집, 유치원은 준비된 환경으로 모든 어린이들이 주인이 되어 편안히 활동할 수 있도록 자율적이고 어린이들에게 맞는 환경으로 갖추어져 있기 때문에 독립적인 어린이들의 모습으로 발전시킬 수 있고, 각 가정도 어린이집이나 유치원처럼 모든 환경을 자녀의 신체적 조건과 리듬을 고려하여 환경을 구성한다면 더욱더 교육의 극대화를 이룰 수 있다.

1. 자녀를 위한 환경 구성

만약 훌륭한 몬테소리 부모로서 훌륭한 몬테소리 자녀로 양육하기를 원한다면 자녀를 위한 가정환경을 몬테소리 철학이 포함된 환경으로 구성하여야 한다. 즉, 부모 자신이 몬테소리 이론에 근거한 '준비된 가정환경'이란 무엇을 의미하는지를 우선적으로 이해해야 한다(Moudry, S., 2008). 모든 가족 구성원들과 더불어 생활하는 모든 사람을 위한 발달과정과 기능도 고려하여 구성한다.

어린이들을 위한 모든 가정환경은 그들에게 편안하고 안정감을 제공하여야 하고 동시에 함께 생활하는 가족 구성원을 위한 공간도 제공되어야 한다. 어린이를 위한 환경을 준비할 때, 부모들은 어린이들의 관점을 우선적으로 고려하여야 한다. 부모들은 가정 공간을 준비하면서 어린이들의 발달 단계를 생각하고 그들의 발달수준에 맞추어 주어야 한다. 어린이들의 발달수준을 고려한 환경 구성은 발달과 활동을 촉진하는 역할을 한다. 몬테소리 철학에서 종종 언급하는 준비된 환경 속에는 어린이들에게 중요한 질서, 지속성, 독립심 그리고 안전성을 포함시켜야 한다. 질서는 어린이들의 선천적인 감각을 발달시키는 역할을 한다(Moudry, S., 2008).

1) 자녀들을 위한 환경질서

혼란스럽게 만드는 자유로움과 질서 있는 환경을 유지하는 것은 자녀들에게 자기 주변에서 일어날 수 있는 예측 가능성의 일과 본능적인 감각들을 촉진시킬 수 있는 요소가 될 수 있다. 자녀들은 외부 경험을 내적 발달의 근거로 설정하기도 한다.

항상 모든 물건들이 제자리에 있을 때 물리적 질서를 유지하는 학습이 되고 자동화되어 사물에 접근하기가 쉬워진다.

자녀들은 물건을 처음 발견한 장소에서 탐색활동을 하고 장소에 의존하려는 성향이 있다. 자기가 발견한 장소에 물건을 다시 놓아둘 때 혼란을 예방할 수 있다.

자녀들에게 이러한 질서개념은 세상을 알아가는 방법을 돕는다. 자신이 본 장소에 물건이 있다는 사실을 통해서 안심과 신뢰감을 강화시킨다(Moudry, S., 2008).

2) 자녀들을 위한 일관성 유지하기

환경에서 물리적 질서는 대단히 중요하다. 자녀들 삶의 과정에서 일상의 질서는 대단히 중요하다. 신생아와 영아들은 아직 시간 개념을 가질 수 없기 때문에 부모들이 진행하는 일상에 의존하여 다음에 어떠한 일이 일어날지에 관한 일들은 자기 주변에 있는 양육자로부터 신호를 받는다.

중요한 것은 가정에서 부모들은 자녀들에게 일관성 있게 계획을 세워 질서를 유지하여야 한다. 먹고 입고 잠자는 것이 일관성 있게 진행되어야만이 다음 발달 단계에서 지속적으로 일상생활을 유지하게 된다(Moudry, S., 2008).

3) 자녀들의 독립심 기르기 훈련

자녀들이 독립적으로 성장할 수 있도록 기회를 제공하는 것은 필수이다. 자녀들은 출생부터 독립적으로 스스로 보고 배우면서 자기 엄마로부터 격리되었으며, 이러한 과정이 계속되면서 단지 독립적인 경험을 통해 성격 발달과 자신의 능력을 발달시킬 수 있었다. 부모는 자녀를 혼자 남겨두라는 의미가 아니라 스스로 지속적으로 끊임없이 탐험을 통해 경험을 하게 도와주어야 한다.

자녀들은 딸랑이를 가지고 놀 수 있고 흑백 모빌을 볼 수 있으며 고리를 가지고 놀 수 있다. 자녀들은 부모가 준비한 환경을 신뢰하면서 자신을 신뢰하는 방법을 배울 수 있다,

자녀들은 단지 영양분만을 섭취하는 작은 생명체가 아니라 출생과 동시에 정신을 가진 생물체이다. 부모는 자녀들의 물리적 필요뿐 아니라 정신적인 필요 또한 채워주어야 한다.

4) 자녀를 위한 안정성 유지하기

가정은 자녀들을 위해서 물리적·심리적으로 안정된 장소이어야

한다. 부모는 항상 사물 사용 전에 자녀들에게 적절한 사용방법을 알려 주어야 한다. 환경은 물리적으로 자녀들의 발달을 지지할 수 있도록 안정감을 제공하여야 한다. 자녀들이 활동을 방해한다든가 위험한 물건이 있으면 자녀들 활동 범위에서 위, 아래, 옆에서 멀어지도록 그들의 손에 닿지 않는 곳으로 옮겨 놓아야 한다.

가정은 자녀들의 발달에 필요한 운동과 활동을 마음대로 할 수 있는 심리 운동장, 즉 최고로 쾌적한 안정적인 환경을 제공할 수 있어야 한다. 자녀들은 잠자기, 옷 입기, 먹는 공간에서 자신의 외적·내적 관리를 학습한다.

자녀들은 발달과 성숙한 변화를 필요로 하기 때문에 환경은 그들의 변화를 적극적으로 촉진시킬 수 있는 기술을 제공하는 곳이어야 한다.

5) 잠자는 영역

어린이들은 잠자는 공간을 시작으로 스스로 독립심을 발달시킬 수 있는 준비를 하게 된다. 잠자는 공간에는 두꺼운 매트릭스나 바닥 침대가 준비되어야 한다. 자녀들에게 수면 시간을 대단히 중요하므로 최대한 편안한 잠자리를 준비하여야 한다.

자녀들에게 낮은 매트리스와 바닥 침대에서 잠 잘 수 있는 기회를 제공하는 것은 어린이 스스로 자유롭게 이동하고 시각적 장애물로부터 공간을 확인하고 탐색할 수 있는 경험을 제공한다. 사방이 막히고 2층으로 된 침대에서 어린이들은 자신의 움직임에 한계와 가능성을 배우게 된다. 자녀에게 불안하지 않고 평화적으로 휴식할 수 있는 안락함과 안정감을 제공하고, 처음 3년 동안은 일관된 편안한 공간을 제공해야 한다. 자녀들이 처음부터 바닥 침대를 사용했다면 피곤할 때 자신의 침대를 선택하여 휴식을 취할 수 있다. 바닥 침대는 자녀들의 수면습관을 새로운 침대의 변화에 적응하기에 편리하게 할 뿐만 아니라 최적화된 안전감과 위로를 제공한다.

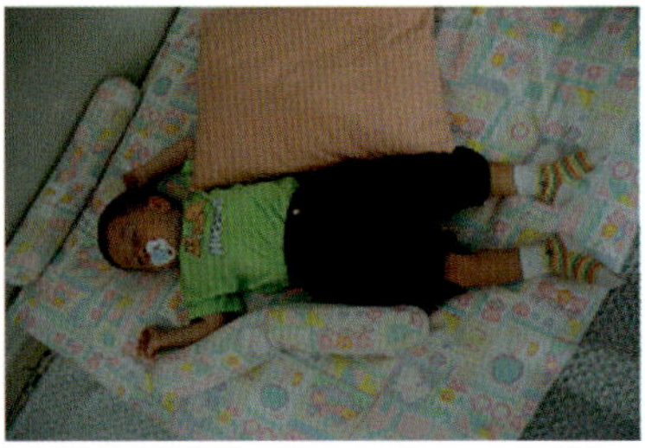

6) 옷 입고 벗는 영역

옷 입기 공간은 자녀의 손이 닿는 낮은 옷장이나 테이블에 필수품을 비롯한 물건들이 있어야 한다. 이 공간은 부모를 위한 기능도 포함할 뿐더러 자녀가 편안하고 안락한 마음으로 준비할 수 있다.

옷 입기는 대화의 경험으로부터 온다. 많은 자녀들은 춥고 더움의 정도를 잘 알지 못한다. 자신의 옷이 없어졌을 때 공연한 소동과 울음을 터뜨릴지도 모른다. 자녀들은 자기 옷이 눈에 띄지 않으면 반사작용으로 깜짝 놀랄 수도 있다.

부모는 자녀와 대화를 하고 따뜻하게 안아주면서 불안한 마음을 감소시킬 수 있다. 자녀들이 좋아하는 옷을 입을 수 있는 선택의 기회를 제공하는 것은 옷 입기를 즐거운 마음으로 행할 수 있는 기회를 제공하게 된다.

부모들은 자녀들의 옷에 대해서 다음과 같은 사항을 고려하여야 한다.

- 항상 옷은 안전해야 한다. 면, 천연섬유, 통풍이 잘되는 천, 환경에 알맞은 옷
- 옷은 어린이들이 자유롭게 움직이는 데 불편함이 없어야 한다.
- 어린이가 화장실을 사용하기 시작하면 배변에 편리한 옷을 제공하여야 한다. 옷의 구조가 복잡하면 스스로 입을 수 있는 독립심을 저해한다.
- 신발은 신기에 편리하고 안정감을 유지할 수 있게 부드러워야 한다. 어린이들의 발목 움직임을 제한하는 부츠나 신기에 불편한 신발은 신고 걷는 데 장애가 된다.
- 어린이들은 약한 피부와 아토피 피부염(또는 알레르기), 활동성, 세탁의 문제 때문이라도 천연섬유로 된 옷을 선택한다. 간단한 옷은 스스로 입도록 습관들여야 한다. 자녀들의 옷은 배변훈련을 고려해서 입혀야 한다(Moudry, S., 2008).

7) 먹는 영역

자녀들이 먹는 공간은 엄마와의 신뢰심, 정서적 안정감, 상호작용, 사랑 나눔, 언어 나눔이 이루어지는 가장 편안하고 안정감 있는

장소이다. 가능하면 먹는 공간은 신선한 공기도 동시에 마실 수 있는 창가에 준비하는 것이 좋다. 어린이들이 엄마의 사랑, 애착, 위로를 주고받을 수 있는 준비된 공간이다.

물컵, 먹는 동안 필요한 소품들, 작은 테이블, 흔들의자 혹은 양육의자를 포함한 양육 공간을 위한 기본적인 영역이며 채광이 잘 들어오고 소음이 최소화된 공간이어야 한다.

엄마와 자녀가 언제든지 편한 마음과 자세로 즐길 수 있는 장소로서 먹기 영역은 자녀들이 안전하게 감각을 발달시킬 수 있는 공간이 될 수 있다.

8) 놀이 영역

가정에서 어린이들은 항상 놀이를 즐길 수 있는 준비가 되어 있으며 놀이 공간은 자녀의 자유로운 활동이 허락되어야 한다. 자녀를 위한 작은 매트와 매트리스가 준비되어 있어야 하고 매트리스 앞에는 벽거울과 지지대를 준비해 주면 스스로 움직여서 자기 활동이나 자신과의 상호작용을 할 수 있는 기회를 갖게 된다.

놀기 영역에서는 몸을 움직이며 완벽한 신체 이미지를 형성할 수 있을 뿐만 아니라 자신이 거울 안에 있는 것처럼 대화라는 사회성 발달과 자신의 행동을 피드백 받을 수 있도록 도와준다.

자녀의 눈높이에 모빌을 달아 놓는 것은 시각 발달과 움직이는 데 도움을 준다. 자녀들의 움직임 중에 앉고 기고 뒹구는 운동은 일반적으로 할 수 있지만, 손을 위로 올리는 운동은 기회가 적다. 모빌은 손과 발을 위로 올리는 운동을 할 수 있다.

9) 실외 활동 영역

자녀들이 자연을, 자연 안에서, 자연과 더불어 경험하는 것은 매우 중요하다. 뜰에, 정원에, 마당에 부드러운 매트를 깔고 앉아 누워서 바스락거리는 낙엽을 쳐다보는 시간, 꽃을 보는 시간, 강아지들이 돌아다니는 것을 보는 시간, 어른들과 함께 있는 시간을 제공하는 행위는 자녀들이 자연과 소통하는 실외 활동이다.

부모와 함께 이웃 마을, 공원, 채소밭, 슈퍼, 재래시장을 함께 걸어서 다닐 수 있다. 어린이들과 주변에서 일어나는 일, 보고, 듣고, 냄새 맡는 것에 대해서 이야기 나눔을 할 수 있다. 이웃과 자연세계를 천천히 소개하고 세심하게 아름다운 자연세계를 경험할 수 있는 시간을 허락하여야 한다. 유아기 부모와 자연을 산책하는 경험은 자녀가 긴 시간을 자연과 함께 살아가는 데 풍요로운 삶에 기초적인 관계를 형성할 수 있게 안정적이고 평화로운 도움을 준다.

어린이는 외부 세계와 관계를 맺으며 소통하면서 살아가야 하는 하는데, 이것은 자녀양육의 중요한 특징이다. 유아기 때 부모와 넓은 세상을 돌아다녔던 추억, 이야기거리, 문화에 대한 지식, 산속에서 부모와 함께 보낸 시간은 평생 동안 삶을 풍요롭게 만들고 세상에 대한 정보를 얻는 데 많은 도움이 된다. 외부 세계에서 경험했던 편안함, 몸의 접촉, 음식, 사회 봉사활동, 다문화 가정과 함께 한 경험들은 세상을 이해할 수 있는 근거가 될 수 있다(Moudry, S., 2008).

10) 교구와 장난감

12개월에서 36개월의 유아들은 부모와 함께하는 놀이와 작업에 더 많은 흥미를 느끼고, 놀이와 작업에 필요한 교재·교구와 규칙이 필요하다. 플라스틱이나 쉽게 부서질 수 있는 놀잇감은 작업을 즐기는 유아들에게 좌절감, 불안감을 제공할 수 있다.

이 시기의 어린이들은 걸을 수 있고 걸으면서 움직이며 소리를 지르고 창조하며 밀고 당기며 던지고 조작하는 놀잇감과 함께 즐거운 시간을 보낼 수 있다.

물론 목재로 된 장난감들은 플라스틱 장난감들보다 경제적인면에서 비싸지만 어린이들에게 안정감을 줄 수 있다. 반대로 과학적으로 제작되어 튼튼하고 잘 만들어진 놀잇감은 어린이들의 흥미와 호기심을 불러일으킬 수 있다. 어린이들에게 제시되는 놀잇감은 발달단계, 견고성, 안정감, 과학성, 재질, 촉각, 색상 등을 고려하여야 한다. 놀잇감을 제공할 때는 발달 단계를 고려해서 제공한다.

11) 자녀들을 위한 가구

어린이가 사용하는 가구를 선택할 때는 견고하고 내구성이 강하며 쉽게 움직이고 미적 감각이 있는 가구이어야 한다. 어린이들을 위한 가구를 선택하려면, 다음과 같은 것을 고려한다.

- 어린이가 처음 스스로 앉기 시작할 때 몸 전체를 지지해 줄 수 있는 작은 의자를 준비해 주어야 한다. 쉽게 움직이지 않는 안정된 의자가 필요하다.
- 자녀들이 스스로 옮길 수 있는 능력이 되면 옮기기에 편리한 가구를 선택하여야 한다. 어린이 스스로 사물을 옮기려는 욕구는 자기 환경을 새롭게 구성하기를 원하는 것이기 때문에 새로운 구성과 조정을 위한 만족감을 줄 수 있고, 환경을 새롭게 구성하고 적용하는 데 도움이 될 수 있다.
- 가족 식탁에 어린이가 앉을 수 있도록 의자를 준비하는 것이 좋다. 엄마가 안고 있다든가, 바닥에 따로 앉아서 음식을 먹는 것은 심리적으로 분리되어 자녀가 소외감을 느낄 수 있다.
- 가정에서 자녀들을 요리 시간에 참여시키기 위해 낮은 사다리를 준비한다. 싱크대에서 편하게 씻을 수 있는 작업에 참여시키고 요리 시간에 자녀들을 참여시키는 것은 가사 일을 자녀와 함께 할 수 있는 방법이다. 자녀가 키에 적응하는 능력은 부모와 함께 일하기 위한 공동 영역의 제공이다.
- 침실 가구는 출산 전에 준비하여야 한다. 바닥 침대나 두꺼운 매트리스를 준비할 수 있다.
- 옷장은 문과 서랍을 쉽게 열 수 있고 닫을 수 있는 어린이의 크기에 맞는 높이로 준비하여야 한다. 서랍들은 어린이들이 사용

하기 쉬워야 한다.

- 현관에 어린이를 위한 작은 의자를 준비하는 것도 바람직하다. 앉아서 신을 신고 벗고 기다릴 때 활용할 수 있다.

2. 가정에서 자녀들에게 제공되어야 할 환경

- 어린이들의 신체적·정신적 발달 기준에 알맞은 환경
- 자녀의 자유로운 활용이 가능한 공간
- 제한된 범위 내에서 자유로운 활동을 허용할 것
- 가정생활, 가사노동에 자녀를 적극적으로 참여시킬 것
- 자녀의 생물학적·정신적 욕구를 충족시켜 줄 것
- 환경을 활용하는데 어려움, 위험을 피하고 안전성을 유지할 것

1) 자녀를 위해 제공되어야 할 영역

성인들에게는 아주 익숙한 환경이지만, 새로 태어난 신생아들에게는 보이는 모든 것들이 놀랍고 두려워 몸을 움츠리게 만들지도 모른다. 신생아는 아주 작은 공간인 어머니의 작은 방, 즉 양수 속에 의존하여 10개월을 살았다. 자기 혼자서 삶을 살아온 것이 아니라 완전히 의존적인 삶을 살아왔다. 갓 태어난 신생아들에게는 어머니의 뱃속과 같은 가장 안정되고 조용하며 평화로운 아주 작은 공간이 필요하다. 아마도 작은 바구니, 작고 낮은 침대가 가장 좋다. 신생아들은 태어나서 10일 동안은 절대적인 안정과 조용함이 필요하며 절대적으로 어머니와 함께 공존하는 삶을 살아가야 한다. 영아들이 대면

하는 첫 환경은 가정이고 부모의 사랑이다. 우선, 첫 환경으로서의 가정을 생각해 본다(Grazia Honegger Fresco & Sara Honegger Chiari, 2005).

- 작고 폭신한 작은 바구니 침대, 낮은 침대
- 영아들에게 어머니, 아버지의 냄새, 목소리, 촉감 등을 확실하게 알려주기 위해서 부모는 다양한 접촉을 하여야 한다.
- 무능력하지만 공기, 집에서 나는 소리들, 강한 냄새에 민감하며 어머니 가슴의 따스함을 흡수하기 때문에 물리적 환경에 조심할 것
- 영아들이 세상을 볼 수 있도록 항상 밝은 빛을 제공할 것
  영아들이 보고 읽을 수 있는 전래 동화책
- 동물, 사람, 장소, 사물들의 사진이 실려 있는 책들
- 어린이들 수준에 적절한 예술품
- 우리 집 가족 사진
- 어린이들 눈높이에 맞춰 사진액자와 사랑스러운 물건들을 놓아둔다.

2) 자녀를 위한 침실

자녀들을 위한 침실 영역은 5가지 요소를 포함한 영역이어야 한다.

❶ 돌보는 영역

- 돌보는 의자, 부모나 교사가 앉아서 수유할 수 있는 흔들의자 또는 어린이용 흔들의자 등
- 마실 수 있는 물, 시계를 올려놓는 사이드 테이블
- 영유아 어깨높이의 그림액자

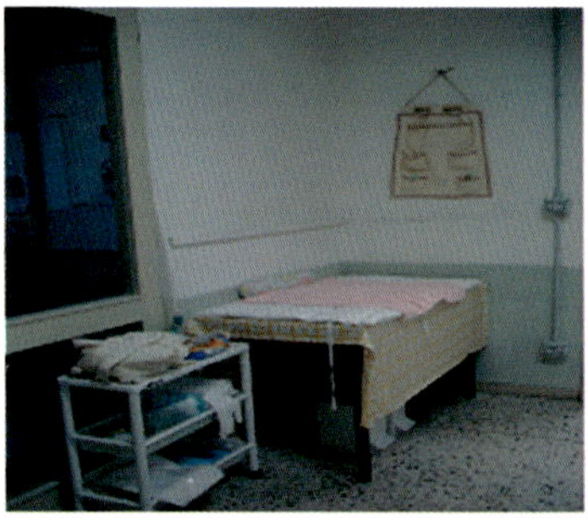 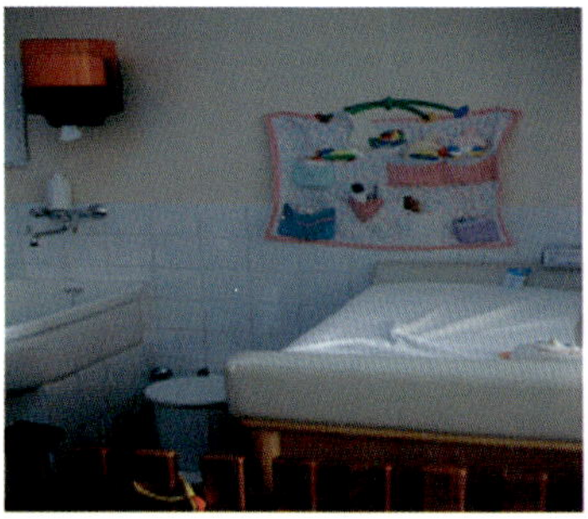

❷ 귀저기 갈이 영역

- 기저귀 바구니
- 기저귀를 보관하는 통
- 영아들을 위한 소염제 크림
- 세탁물 바구니 : 눈에 잘 안 띄는 곳, 뚜껑이 있는 통

❸ 활동·놀이 영역

- 영아 눈높이에 맞는 2단용 교구장
- 발달에 적합한 교구
- 걷기에 적절한 벽에 달린 지지대
- 악기
- 책들
- 집고 일어설 수 있는 둥글고 낮은 책상

❹ 옷 갈이입는 영역

영유아는 옷으로 몸의 온도를 조절해야 한다. 피부층과 옷 겹층은 중요한 역할을 한다. 환경의 온도에 적절한 옷을 입히는 것이 중요하다. 자연섬유인 면으로 된 옷은 영유아들의 움직임, 땀 흡수, 알레르기를 방지하면서 제한 받지 않고 움직이는 데 편리함을 제공한다.

영유아들의 옷은 그들의 활동에 방해되지 않고 자유롭게 움직일 수 있고 편리한 옷이어야 한다. 영유아들의 옷을 선택할 때 다음과 같은 요소들을 고려하여야 한다.

- 유기농으로 된 섬유, 면 종류의 옷을 제공할 것
- 옷 입기가 쉽고 세탁하기에 편리한 옷을 입힐 것
- 간단한 옷 입기과정을 유지하는 습관을 기를 것
- 너무 많은 단추를 피할 것
- 흡수기능이 뛰어난 옷감을 선택할 것
- 배변훈련에 편리한 옷을 입힐 것
- 영아의 키에 적절한 높이의 옷장
- 자유롭게 선택할 수 있는 다양한 옷들
- 영아 사이즈의 옷들
- 양말, 외출용 잠바

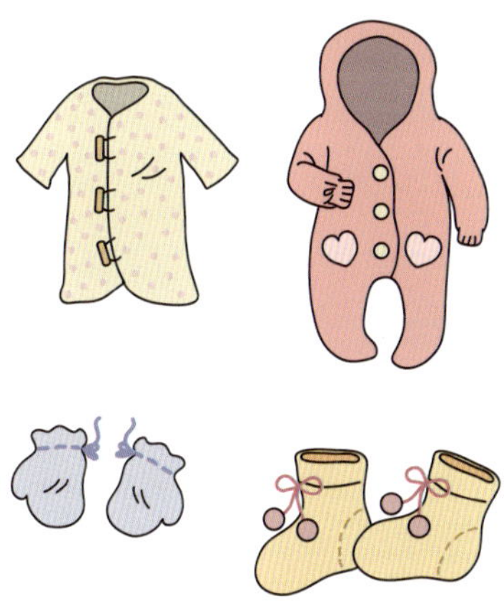

❺ 잠자는 영역

신생아들은 잠자는 공간을 시작으로 스스로의 독립심을 발달시키는 준비를 하게 된다. 영유아들에게 바닥 침대에서 잠을 잘 수 있는 기회를 제공하는 것은 영아가 자유롭게 활동하면서 방 전체를 이동하고 시각적 장애물로부터 공간을 확인하고 탐색할 수 있는 경험할 수 있는 기회를 제공한다.

사각이 봉쇄된 침대나 이층으로 된 침대는 영유아들의 움직임에 대한 부자연스러움으로 인한 한계점과 가능성을 배우게 된다. 영유아들에게 불안하지 않고 평화롭고 안전하게 휴식할 수 있는 안락함과 보안을 제공하고, 생후 3년 동안은 일관된 편안한 공간을 제공하여 영아들의 정서적 안정감을 돕는다.

영아들이 처음부터 바닥 침대를 사용했다면 피곤할 때 자신의 침대를 선택할 수 있는 경험을 갖게 된다. 영아들은 잠자는 주기에 새로운 침대환경에 적응하는 어려움을 겪는 경우가 있기 때문에 변화에 혼란스럽지 않도록 바닥 침대를 사용하여 최적의 안전감과 위로를 제공할 수 있다.

- 바닥 침대
- 이부자리 또는 영아용 작은 매트리스
- 담요
- 잠잘 때 안전하게 몸을 받혀주는 둥근 긴 베개 : 길이 50cm
- 영아들이 떨어지지 않도록 안전을 기힐 것
- 영아들이 안고 잘 수 있는 인형이나 작고 둥근 베개

❻ 침대

- 걸음마를 시작한 영아가 혼자 안전하게 올라가고 내려올 수 있는 낮은 침대
- 침대에서 굴러떨어지는 것을 고려할 것

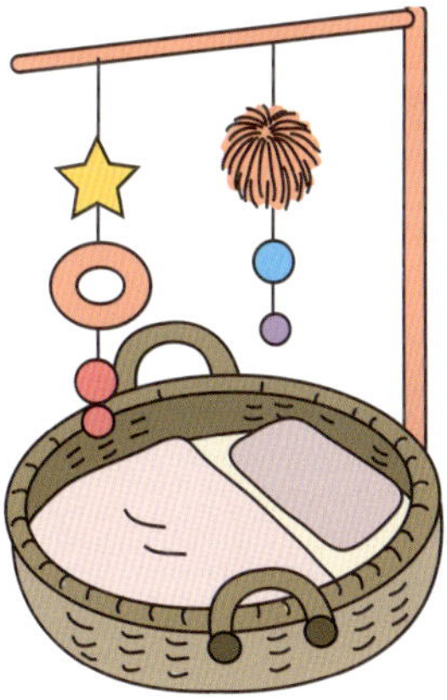

침대 모빌

바구니 침대

❼ 침실에 필요한 물건

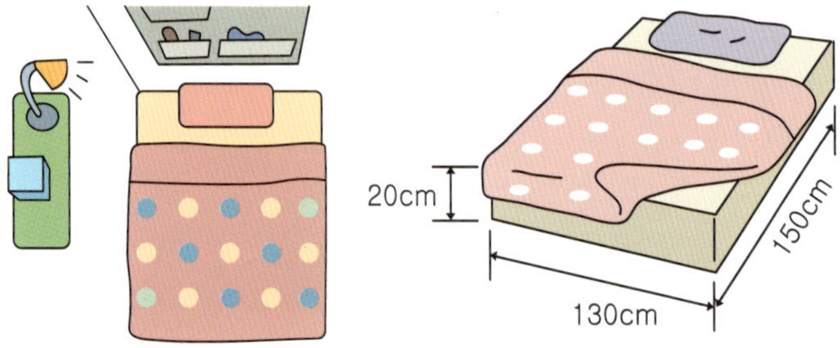

바닥 침대 낮은 침대

- 낮은 침대
- 낮은 책 선반

- 교구를 올려놓을 수 있는 교구장

- 자녀들이 쉽게 이용할 수 있는 낮은 서랍장

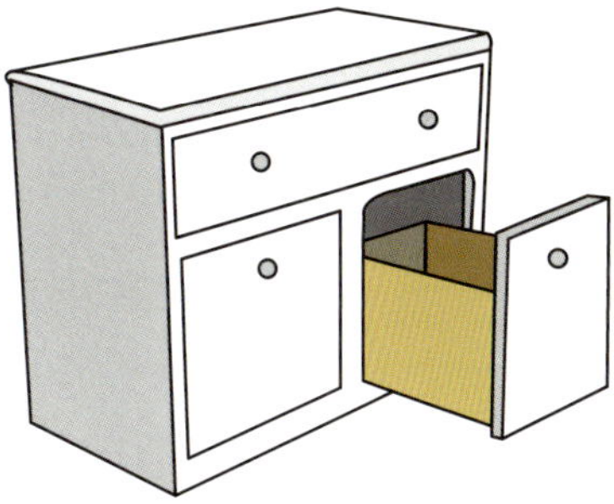

- 전신거울
- 솔과 빗을 올려놓을 수 있는 거울 아래 선반

- 낮은 테이블과 2인용 의자

- 알맞은 불빛, 낮은 전등
- 바닥에서의 작업을 위한 작은 양탄자
- 은은한 색상의 벽

- 숫자가 크고 정확한 시계
- 인쇄물, 벽지, 조각품, 미술작품
- 게시판
- 미술 영역 : 크레용, 풀, 그림물감, 가위, 신문 등
- 청소도구 : 걸레, 먼지떨이, 빗자루, 쓰레받기

❽ 옷을 보관할 수 있는 곳

- 자녀 스스로 정리정돈 할 수 있는 낮은 서랍장과 선반, 자녀의 키를 고려할 것

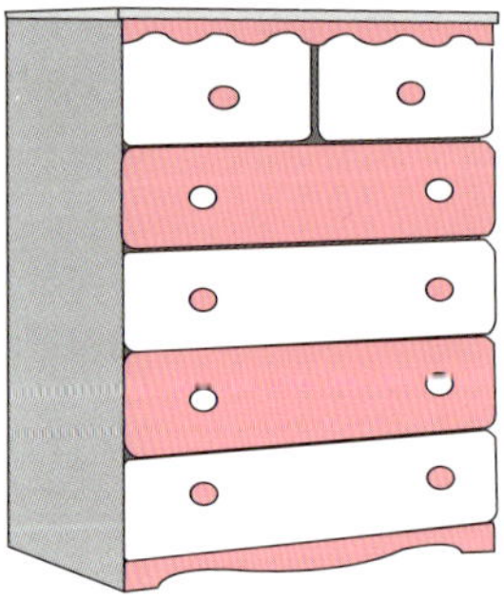

3) 교구장, 선반, 보물 바구니

- 낮은 선반, 낮은 교구장 : 영아들이 쉽게 꺼내고 정리할 수 있어야 하며 영아들이 앉아서 넣고 꺼낼 수 있는 작은 바구니
- 그 밖의 가구
- 영아들의 예술적 감각 발달을 위한 벽걸이 사진, 가족 사진, 그리기 도구, 영아가 잡고 일어설 수 있는 넓은 책상

옷, 일상용품 정리 영역

4) 어린이 방의 분위기

- 채광, 공기, 색채, 바닥을 자녀들 수준에 맞도록 하고 성장한 다음 스스로 환경 구성에 참여시킬 것
- 창문의 안전고리, 전기 플러그의 안전장치 부착
- 깨어지기 쉬운 장식품은 자녀들의 손이 닿지 않는 곳에 올려놓을 것

5) 현관과 계단

- 계단을 오르내리는 방법을 가르칠 것
- 영아들에게 계단을 오르고 내려오는 것은 소근육과 대근육 발달에 큰 도움을 준다.

● 현관에 자녀들 용품을 넣는 공간을 준비할 것

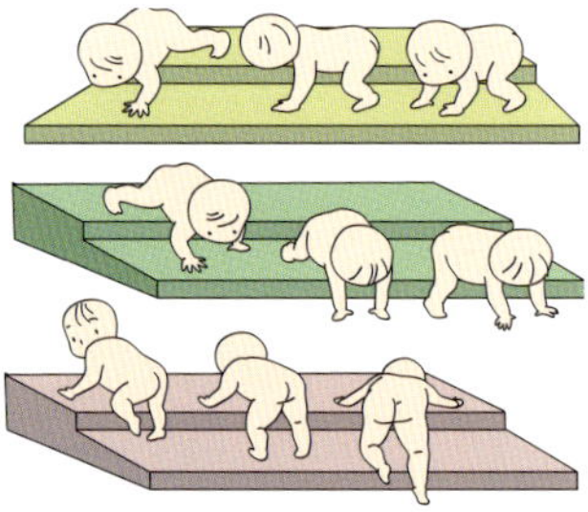

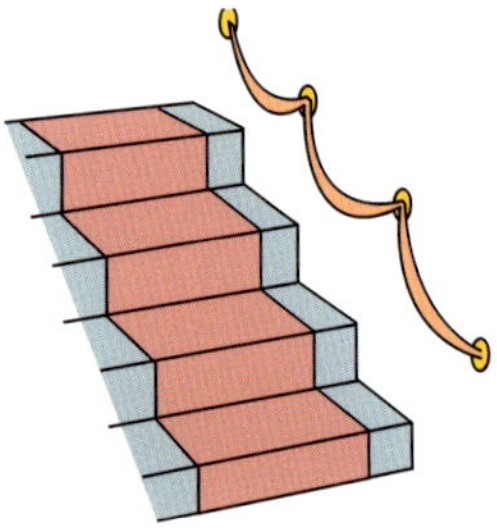

6) 거실환경

❶ 거실 공간

거실 공간은 단지 어린이들만 있는 것이 아니라 모든 가족이 함께 사용하는 곳이므로 어린이들을 위해서 특별한 주의를 기울여야 한다(Grazia Honegger Fresco & Sara Honegger Chiari, 2005). 어린이들이 자유롭고 안전하게 활동하기 위해서는 다음과 같은 사항을 고려하여야 한다.

거실에 있어도 되는 것	거실에 있으면 안 되는 것
어린이들을 위해서 보물 바구니를 만들어 사과, 바나나, 오렌지, 레몬을 넣어서 바구니 밖으로 꺼냈다가, 다시 넣는 것을 반복하면서 5가지 감각을 익히도록 한다. 바구니에 넣는 물건으로 감각을 발달시킬 수 있는 것은 모두 가능하다.	위험한 것은 어린이가 서서 닿지 않는 높이에 올려 놓을 것, 부엌의 칼, 기름, 그릇은 어린이 손을 피해서 놓아둘 것
부엌에서 사용하는 국자, 주걱, 작은 냄비들, 소리가 나는 작은 상자, 숟가락을 한두 개씩 놓아둔다. 자신의 집에서 사용하는 것을 놓아두면 좀 더 친숙하게 다가간다.	어린이들이 옮길 수 있는 유리컵, 잠금장치를 필요로 하는 열쇠, 긴 줄이나 끈을 놓지 말 것

거실에 있어도 되는 것	거실에 있으면 안 되는 것
어린이들이 쉽게 들고, 옮길 수 있는 오래된 장난감 전화책, 고장 난 시계, 인형	어린이들이 마구 기어 다니고 움직이며 입으로 물어뜯기 시작하는 시기가 오면 손에 닿지 않도록 올려놓을 것
어린이들이 콩을 옮기고 구술 같은 것을 옮길 수 있는 작은 그릇들, 나무로 된 것이 있으면 가장 좋음. 어린이가 좋아하는 인형, 자동차, 물건을 넣어 다닐 수 있는 작은 가방들	어린이들이 입으로 가져 갈 수 있는 작은 콩 종류와 같은 물건들을 놓아두지 말 것

- 자녀들이 거실에 자신의 공간이 있음을 알 수 있도록 낮은 의자나 커다란 쿠션을 준비해 주는 것이 좋다.
- 돌보는 의자 등
- 물, 시계를 올려놓는 사이드 테이블
- 영유아 어깨높이 이상의 그림들

❷ 거실

- 자녀용 책과 장난감이 있는 선반
- 심리운동을 할 수 있는 넓은 공간
- 안전하면서 영아에게 적절한 크기의 가구
- 거실 안에 영아들을 위한 작은 공간

❸ 거울

- 걸음마를 위한 지지대
- 다리를 발달시킬 수 있는 계단
- 영아들이 상호작용할 수 있는 벽거울

❹ 영유아들을 위한 거실

- 창의적인 활동을 위한 테이블

- 창의적인 활동 재료
- 안전하게 서서 잡을 수 있는 의자

7) 현관

- 신발을 벗거나 신기 위해 고안된 영역 또는 선반
- 모자·장갑을 담는 바구니
- 옷걸이
- 앉아서 운동화를 신을 수 있는 작은 의자

8) 부엌

- 활동 선반
- 감각적·시각적으로 볼 수 있는 다양한 도구들
- 이름이 붙여진 도구들
- 시각적인 효과를 낼 수 있는 요리에 관한 책이나 음식 사진이 있는 책
- 간단하고 위험하지 않은 영아들을 위한 부엌 도구
- 영아들을 위한 이유식용 테이블
- 안전의자
- 자녀가 앉을 수 있는 쿠션 또는 의자

- 자녀들이 마실 수 있는 물과 컵
- 선반
- 설거지할 때 준비해 줄 물건
- 자녀가 싱크대에 알맞은 높이로 올라설 수 있는 튼튼한 계단식 의자
- 방수 천으로 된 앞치마
- 적절한 양의 세제 사용법
- 그릇을 닦을 수 있는 마른 수건

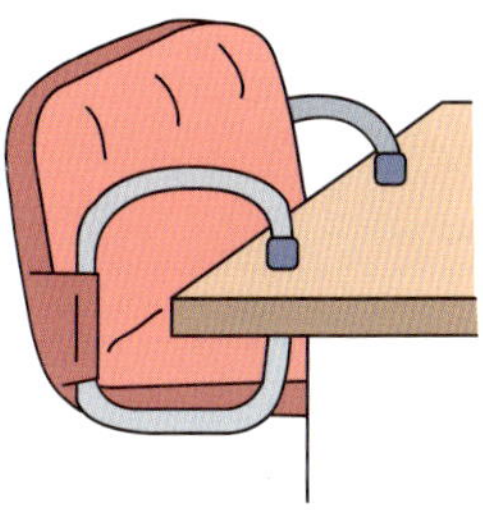

❶ 상차리기

- 식탁을 꾸미기 위해서 필요한 식탁보, 냅킨, 수건, 작은 식탁용 꽃병, 자녀들이 사용할 수 있는 앞치마
- 그릇, 숟가락, 젓가락은 어린이들의 손이 쉽게 닿을 수 있는 서랍장

- 어린이들이 상차리기를 혼자서 할 수 있도록 준비한다.

❷ 먹는 공간

먹는 공간은 엄마의 위로와 사랑과 함께 마음으로 준비한다. 물컵을 올려놓을 수 있는 작은 테이블, 견고한 의자, 가능한 한 창가에 흔들의자를 준비하는 것이 중요하다. 의자를 포함한 양육 공간을 위해 기본이다. 빛과 소리는 조용하게 유지되어야 한다. 이곳은 엄마와 아이가 항상 활용하는 장소이다.

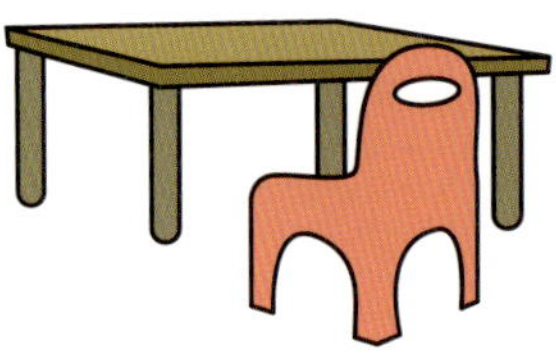

9) 요리 영역

- 자녀를 가능한 한 음식 재료 준비에 참여시키기
- 자녀를 가능한 한 요리활동에 참여시키기
- 가정에서 자녀와 함께 요리를 하는 것은 자녀들의 5가지 감각 발달에 최선의 교육적 효과를 낼 수 있다

❶ 부엌에 준비할 물건

- 낮은 수건걸이
- 쟁반, 그릇, 수세미
- 작은 쟁반과 식사 시간에 따뜻한 물을 따를 수 있는 주전자
- 냉장고 안에 어린이들의 눈높이에 맞는 간식 공간

❷ 부엌에서 실제적으로 사용하는 물건

- 걸음마기 영아를 위한 학습용 탑 또는 조리대에 높이의 계단식 의자나 유아용 사다리를 사용할 것
- 테이블 또는 낮은 조리대처럼 영아들의 키 높이에서 작업할 수 있는 영역
- 혼자서 먹으면서 독립성을 발달시킬 수 있는 건강간식
- 물 따라서 마실 수 있는 작은 주전자와 컵

10) 청결을 위한 도구들

❶ 청소 도구

- 사용한 걸레를 담아두는 바구니
- 젖은 걸레를 걸어둘 수 있는 건조대
- 유아용 빗자루와 쓰레받기
- 밀대
- 밀대용 양동이
- 스프레이 병

❷ 그외 소품

- 앞치마
- 앞치마 걸이
- 음료
- 영아용 유리잔, 피처, 접시들, 양푼과 은으로 된 접시
- 영아용 냅킨
- 1인용 매트
- 턱받이 : 턱받이를 통해서 독립성의 조절을 배우게 된다.
- 걸레 또는 스펀지
- 상 차리기를 위한 식탁보, 냅킨
- 은 종류의 그릇, 유리그릇, 피처, 개인용 매트

❸ 손 씻는 영역

- 맞춤 제작된 선반 또는 영역
- 큰 대야
- 물 담는 피처
- 수건

- 비누
- 얼굴을 볼 수 있는 거울
- 부드러운 수건
- 수건걸이

❹ 접시 닦기 위한 것

- 주방용 세제, 비누
- 접시걸이
- 앞치마
- 마른 행주
- 스펀지

❺ 전자제품

부모는 자녀들에게 전기를 사용할 때 주의할 점과 정확한 사용방법을 가르쳐야 한다. 손전등 사용법, TV 사용법, CD플레이어와 같은 전자제품의 관리와 사용법 그리고 주의하여야 할 점을 인지시켜야 한다.

11) 청소와 빨래

- 더러운 손수건, 수건을 직접 세탁해 본다.
- 어린이들이 빨래를 종류별로 나눠 세탁기에 넣는 훈련을 시킨다.
- 어린이들에게 세탁기 사용법을 가르친다.

12) 화장실과 욕실

- 어린이들에게 화장실 사용법에 대해서 설명한다.
- 휴식을 취하는 장소임을 강조한다.
- 혼자 사용하기에 쉬운 방법을 가르친다.
- 수도 사용법을 가르친다. 수돗물 잠그기, 욕조 마개 닫기, 샤워기 열고 닫기
- 영아가 있을 경우 뜨거운 물에 잠금장치를 할 것

❶ 화장실에 준비할 물건

- 낮은 화장지걸이
- 칫솔, 치약, 비누, 스펀지, 빗, 거울, 그릇, 물통

- 손을 닦기 위한 세면용 수건을 올려놓을 수 있는 낮은 선반
- 발판
- 휴지통

❷ 욕실

- 손에 잡기 편하게 만들어진 욕실 장난감들
- 들기 편한 바구니 안에 든 목욕옷, 수건
- 영아용 변기
- 작은 피처 또는 샴푸 용기
- 수건걸이
- 목욕옷걸이
- 걸음마기 영아를 위한 용품 : 칫솔과 양치질 용품들, 세면대와 변기 발판

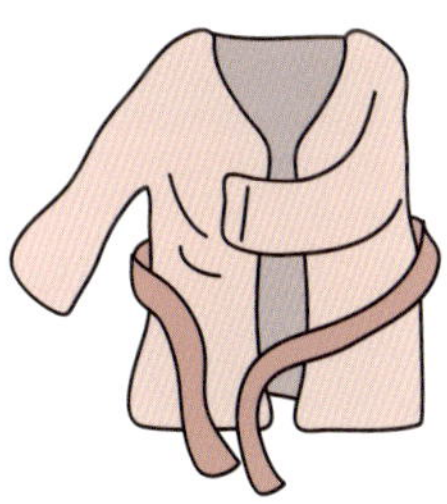
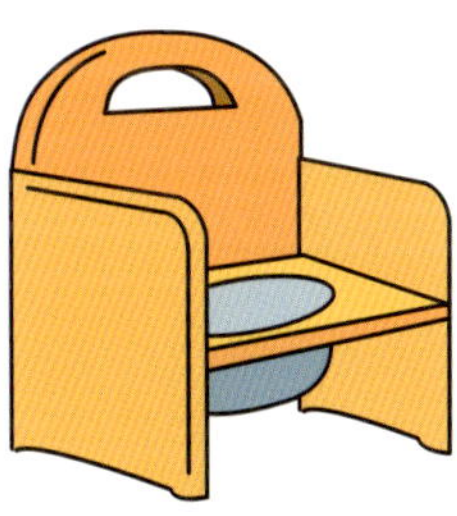
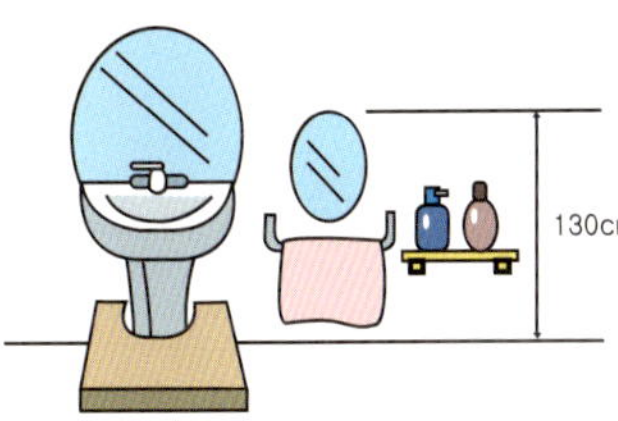

❸ 자녀들을 위해 욕실에 필요한 일상 학습 도구

- 걸레
- 더러운 것을 담는 바구니
- 빨래 바구니

어린이들과 집 주변 탐색하기 Chapter 8

1. 집 주변 탐험하기

1) 자연환경 탐색하기

- 관찰과 탐색활동 : 자녀의 흥미를 자극할 수 있는 자연환경에 대한 정보 알기
- 생명체의 보살핌과 책임감 : 어린이들이 화분에 물을 주기
애완용 동물에 먹이주기
- 자연의 변화 알기
- 자연현상과 인간관계를 이해하기
- 상호 의존적 전-관계: 생명체와 무 생명체의 위치와 역할 알기
- 상호 의존성과 먹이사슬, 생명체에게 물과 공기의 중요성 인식하기
- 우주에서 자기 사명감 알아가기

2) 주거환경 탐색하기

- 다양한 형태의 주거문화 알기
- 도로와 교통수단의 종류 알기

- 우리나라 관습과 전통명절 알기
- 우리나라의 의식주문화 알기
- 한국의 전통문화 알기

3) 정원활동

- 정원에 어린이들을 위한 공간 만들어주기
- 정원 가꾸기 활동
- 계절 변화 관찰하기
- 강수량, 온도 측정하기
- 동·식물 기르기
- 정원에 자기 나무 정해서 가꾸기, 꽃 가꾸기, 잔디 깎기
- 정원을 위한 재활용 거름 만들기

4) 공원 놀이 공간 활용하기

- 공공 놀이터와 산책을 할 수 있는 공원 알아두기
- 생태계 변화 알기
- 공공 놀이터에서 이웃 사람, 다른 친구들과 어울려 놀기
- 산책하면서 자연현상에 대한 지식 알려주기

5) 이웃 알아가기

- 슈퍼마켓, 재래시장 가기
- 동네, 이웃 둘러보기

- 동네 마을회관, 노인정 알아가기

6) 실외 환경

- 영아들에게 나쁜 날씨만큼이나 나쁜 것은 불편한 옷차림이다.
- 하루 최소한 1~2시간은 실외 활동
- 모래 위에서 사용할 매트

7) 실외 선반

- 바깥놀이 용품
- 물놀이 용품
- 물놀이 도구들

2. 자동차 환경

- 대부분의 자녀들이 자동차 안에서 많은 시간을 보낸다.
- 자녀에게 차 안에서의 시간과 연령을 고려해서 각 개인의 요구에 맞게 자녀를 위한 공간과 물건을 준비해 주어야 한다.
- 자동차 안에서 간식으로 먹을 수 있는 과자류와 음료수를 예기치 못한 차량 정체 등의 상황에 대비하여 준비한다.
- 차 내에서 쓰레기 담을 주머니
- 자녀의 지루함을 덜기 위한 교재·교구, 인형과 약간의 장난감
- 장기간 승차로 인한 지루함을 감각활동을 통해 부자유스러운 정서상태를 완화할 필요가 있다.

참고문헌

조성자 역(2011). 내일의 어린이들. 서울: 파란 마음.

조성자(1997). 어린이들의 종교적 잠재능력. 서울: 중앙적성출판사.

______(1997). 자유 작업과 열린 교실을 위한 Maria Montessori의 교사론. 서울: 창지사.

______(2006). 몬테소리의 과학적 교육학. 서울: 신정

______(2010). 몬테소리의 영아전담 어린이집 교육프로그램의 이론과 실제. 서울: 창지사.

______(2010). 몬테소리 우주교육의 철학적 관점. 경기도: 공동체.

______(2011). 몬테소리의 교육철학의 이론과 실제. 서울: 창지사.

______(2012). 몬테소리부모와 자녀를 위한 이야기 나눔. 서울: 파란 마음.

______(2012a). 훌륭한 몬테소리 부모되기. 서울: 파란 마음.

______(2012b). 몬테소리 부모와 자녀를 위한 이야기 나눔. 서울: 파란 마음.

Daleo, M. S.(1996). *Curriculum of Love*. (조성자 역, 2004). 사랑의 커리큘럼. (주)한국몬테소리 연구소.

Edward, M., Hallowell, M. D., Jhon, J., & Ratey, M. D.(2006). *Delivered from Distraction*. Ballantine, New York.

Eisler, R.(2000). *Tomorrows Children*. (조성자 역, 2012). 내일의 어린이들. 서울: 파란마음.

Fresco, G. H.(1993). Il Materiale Montessori, Quaderno Montessori, Collavorazione con L,Associatione Centro Nascita Montessori, Roma.

__________(2004). *Abbiamo un bambino*. Red, Milano.

Grazia Honegger Fresco & Sara Honegger Chiari(2005). *una casa a misura di bambino*. Red, Milano.

Galinsky, E. (2010). *Mind in the Making*. Harperstudio, New York.

Hallowell, E. M. (2002). *The childhood roots of adult happiness*. Randon Hause, CA: Toronto.

Hart, S., & Hodson, V. K. (2006). *Respectful Parents Respectful Kind*. A Puddle Dancer press Book, Encinitas CA.

Holstiege, H. (2012). *Montessori-Pädagogik für 0-4 Jahre*. Herder, Freiburg.

Jakson, S., & Goldschmid, E. (1994). *Peaple under Three Young children in day care*. (조성자 역, 2012). 0~3세 영아를 위한 영아전담 어린이집. 서울: 신정.

James, E. J. (2004). *The Art of Changing the Brain*. (문수인 역, 2011). 뇌를 변화시키면 공부가 즐겁다. 서울: 돋음새김.

Khon, A. (1986). *Non Contest: The case agoinst compettion*. (이영노 역, 2009). 경쟁에 반대한다. 서울: 산눈 출판사.

________(2001). *Beyond Discipline*. (김달효 외 역, 2005). 훈육의 새로운 이해. 서울: 시그마프레스(주).

Kreidler, W. J. (1984). *Creative conflict resolution*. (조성자 역, 2007). 창의적 갈등해결을 위한 활동지침서. 서울: 신정.

Lillard, A. S. (2005). *Montessori: The Science behind the Genius*. Oxford, New York.

Marshall, B., Rosenberg(2005). *Speak Peace in a world of Conflicht*. Puddle Dancer, Encintas, CA.

Michael, & D. Neil Duffy(2012). *Love if Learning*. Parent child press, Wesrerminister, MD.

Montessori, M. (1909). *Il metodo della pedagogia scientific applicano all'educazione nella casa dei bambini*.

____________(1950). *Il segreto del bambino*. (조성자 역, 1991). 어린이 신비. 서울: 창지사.

Montessori, M. (1952). *La mente del bambino*. (조성자 역, 1994), 어린이 정신. 서울: 창지사.

_____________(1970). *Educazione e Pace*. (조성자 역, 1990). 교육과 평화. 서울: 창지사.

_____________(1970). *La scoperta del bambino*. (조성자 역, 1995). 어린이 발견. 서울: 창지사.

_______________(1973). *L'autoeducazione nelle scuole elementari*. Firence, Garzanti.

_____________1991). *Il bambino in famiglia*. Firenze, Garzanti.

_____________(1992). *Come educare il potenziale umano*. (조성자 역, 2001), Maria Montessori의 어린이를 위한 인격형성. 서울: 창지사.

_____________(1997). *Il bambino e padre dell'uomo*. (조성자 역, 2000). 어린이는 인간의 어버이다. 경기도: 양서원.

Nelsen, J., Erwin, C., & Duffy, A. R. (1998). *Positive Discipline,-The first Three years-*. Rivers fress, USA.

Nelsen, J., Lynn, L., & Stephen, G. (2000). *Positive Displine, Three River*. New York

Pink, D. (2009). *Drive: The suprising truth about what motivates Us*. (김주환 역, 2009). 드라이브. 서울: 청림출판.

Ramachandra, R. (1994). *Creativit development in the child*, vol. 2. Kalakshetra, India.

Sahtouris, E. (2000). *Earth Dance: Living systems in evolution*. N.p.: .iUniverse(available).

Shuster, G. (2013). *Learing haw to learn*. Paren child press, USA.

Wolf, A. (1996). *Nurturing in the Spirit*. (조성자 역, 2000). 어린이들에게 영성은 존재하는가?. 서울: 창지사.

atwww.iuniverse.com/bookstore/book-detai.as?&isbn=0-595-13067-4).1

조성자

- Rome Antonianum 대학교 철학 및 교육학과 졸업
- Rome Antonianum 대학교 교육학 석사
- Rome Antonianum 대학교 철학박사(교육철학 전공)
- 1995년 1월~1996년 2월까지 독일 Münster 대학 교환교수 역임
- 2000~2004년 한국몬테소리학회 회장 역임
- 현재 대구 가톨릭대학교 사회과학부 아동학과 교수
- 현 (사) 한국몬테소리교육총연합회 회장

저서

- 유아교육개론(공저, 양서원, 2005)
- L'educazione morale degli adolescenti nella famiglia coreana, Roma
  Montessori 교육학(중앙적성출판사, 1996)
- 자유 직업과 열린 교실을 위한 Maria Montessori의 교사론(창지사, 1998)
- 마리아 몬테소리 자서전(신정, 2007)
- 몬테소리의 과학적 교육학(신정, 2007)
- 몬테소리 우주교육의 철학적 관점(공동체, 2010)

편저

- Maria Montessori의 자유 개념과 자유 직업의 원리(중앙적성출판사, 1996)
- 나는 착한 목자다 Ⅰ, Ⅱ(중앙적성출판사, 1997)
- 신 Montessori 학파의 새로운 교육운동 : 교육학에 대한 이론(양서원, 2000)

편역

- 세계 어린이의 어머니 Montessori : 그녀는 누구인가?(양서원, 2000)

역서

- 사랑의 커리큘럼(한국 Montessori 연구소, (주) 한국몬테소리, 2004)
- 신이란 무엇인가(한국 Montessori 연구소, (주) 한국몬테소리, 2004)
- 나는 친구들과 함께 평화를 나누려고 해요(한국 Montessori 연구소, (주) 한국몬테소리, 2005)
- 나는 우주에 살아요, 나는 지구라는 행성을 여행하고 있어요(한국 Montessori 연구소, (주) 한국몬테소리, 2005)
- 지구를 위한 나의 맹세, 나는 해님을 알아요(한국 Montessori 연구소, (주) 한국몬테소리, 2005)
- 나는 고요함을 듣고 싶어요(한국 Montessori 연구소, (주) 한국몬테소리, 2005)
- 중력이 무엇인지 난 알아요(한국 Montessori 연구소, (주) 한국몬테소리, 2005)
- 여러분 은하수가 얼마나 큰지 아세요(한국 Montessori 연구소, (주) 한국몬테소리, 2005)
- 어떻게 씨앗이 싹트는지 난 알고 있어요(한국 Montessori 연구소, (주) 한국몬테소리, 2005)
- 나는 밤하늘에 무수히 흩어져 있는 아름다운 별들을 바라봅니다(한국 Montessori연구소, (주) 한국몬테소리, 2005)
- 어린이들에게 영성은 존재하는가?(창지사, 2000)
- 유아기를 위한 성교육(창지사, 1987)
- 아동기를 위한 성교육(창지사, 1987)
- 청소년기를 위한 성교육(창지사, 1987)
- Montessori의 교육과 평화(창지사, 1990)

- Montessori의 어린이 신비(창지사, 1991)
- Montessori의 어린이 정신(창지사, 1995)
- Montessori의 어린이 발견(창지사, 1995)
- Montessori의 어린이를 위한 종교교육(미루나무, 1993)
- 어린이의 종교적 잠재능력(중앙적성출판사, 1997)
- Montessori의 새로운 세계를 위한 어린이 교육(중앙적성출판사, 1996)
- Montessori의 우주교육 : 인간의 잠재 능력을 어떻게 개발할 것인가?(중앙적성출판사, 1998)
- Montessori의 우주교육 : 유아기에서 청소년기까지(중앙적성출판사, 1998)
- Montessori의 어린이를 위한 인격 형성(창지사, 2001)
- Montessori는 부모님들에게 이렇게 권고합니다(양서원, 2000)
- 어린이는 인간의 어버이다(양서원, 1999)
- 어린이들을 위한 관찰기록과 보고(공역, 창지사, 2009)

가정에서 부모와 함께 하는 **몬테소리교육**

초판 1쇄 인쇄 2013년 6월 21일
초판 1쇄 발행 2013년 6월 28일

지은이 | 조성자
펴낸이 | 김기섭
편집인 | 박연순
펴낸곳 | 창지사 www.changjisa.com
153-802 서울특별시 금천구 가산디지털 1로 83
파트너스타워1차 9층
전화 (02) 719-2211~3
팩스 (02) 701-9386
등 록 | 1977년 4월 28일·제1-421호

ISBN 978-89-426-0721-1 (93370)

값 10,000원